Stakeholders in 2047

香港未來說明書

第
—
01
冊

——「Stakeholders in 2047：香港未來說明書」團隊　編

「香港未來說明書」簡介

　　2019年的香港充滿傷痛，任何關心香港的持份者都急於為香港尋求出路。以百萬計的市民在持續近半年的示威活動中歸納出「五大訴求」，但當中對未來的想像卻有濃淡之分，不宜化約。香港政府在今秋多次提出希望以真誠對話修補撕裂，惟亦未令本港恢復平靜。我們的城市陷入了歷史上罕見的難題，衝突與對立日益嚴峻，實非任何愛護香港的持份者所樂見。在長遠來說，無論秉持任何價值觀，或希望香港在未來將往何方邁進，掌握事實與坦誠地相互理解永遠是高度文明城市解決問題的基礎前設。

　　作為香港社會的一員，學者（或更廣義的公共知識人）理應為本港付出更多。「Stakeholders in 2047：香港未來說明書」由一群香港學者組成，沒有領袖與「大台」，單純地希望以學術訓練的客觀與專業操守，呈現香港未來主人翁對本港未來的想法。在2019年十月開始，過百位來自不同政治光譜、崗位、年齡層的香港學者所組成的義務團隊將分階段訪問了在2047年尚未超過65歲的香港市民，以期了解年輕市民對三十年後他們生活的香港有何想像。在「無前設、能暢所欲言」的機制下，「Stakeholders in 2047：香港未來說明書」的義務學者會分別訪問一位與他們相互信任的年輕朋友，讓2047香港的持份者在分享中道出對我城過去、當下以至未來之所想，集思廣益，匯聚成具建設性的前瞻思考。

　　過百位接受不同學科訓練的學者朋友以不同形式參與同一訪問計劃，在組織、方法學、書寫及發布形式等層面都有不同的想像。為了讓義工學者發揮自身的所長，也讓各種學科專業的特性得以發揮，「Stakeholders in 2047：香港未來說明書」團隊祇針對研究倫理、受訪者私隱及探討的大致範圍規範參與者的訪問方式。是以，讀者們請不要將接下來會讀到的訪問成果視之為一份嚴謹的學術研究，或在閱讀過程中推敲團隊在收集資料與編輯過程中希望引出何種結論與發現。我們每一位參與的義工學者都以平等的身分參與，編輯

團隊在整理過程中，除明顯錯別字或出版格式以外，盡可能保留不更動文字與表述形式。即使在訪問報告中有未能確認的資料，我們亦不會更動考訂。

「Stakeholders in 2047：香港未來說明書」希望爲讀者帶來的是一份2019年的香港學者與香港未來主人翁眞實的對話紀錄，義工學者根據與受訪的談論結果而書寫的訪問報告，反映了他們對當下困局的理解，亦包含了對未來的祈願。有關成果，在2019年聖誕節起逐步出版，供當下不同的持份者作思索香港未來之用，也作爲我們送給香港人的一份聖誕禮物。

「目次

阿明

什麼是香港人？
—— 從運動中拿回「香港人」身分

到底什麼是「香港人」？

我們常常聽到「香港人身分認同再創新高」之類的報導，但這些報導的內容通常都是一些quantitative research的研究結果（如港大民意調查），一些數字。但這些數字，只是告訴我們有多少人認同自己是「香港人」，卻無法讓我們理解什麼是「香港人」。

或者我把問題問得再準確一點：

在香港人眼中，構成「香港人」這個身分的「成份」到底是什麼？

2019年爆發的反修例運動似乎能為這個問題提供一些答案。在這場運動中，無論是黃藍兩邊的陣營，也在有意無意之間，積極地定義和塑造「香港人」這個身分。看看網上海量的文宣，無論是黃絲的「香港人，反抗！」，還是藍絲的「香港是中國的一部分！我是中國人！我是護旗手」，這些口號和理念的背後，正正傳遞出雙方陣形是如何理解「香港人」這個身分。而這種理解上的差距，也是讓這場運動走向嚴重對立的其中一個原因。為了一窺「香港人」的真面目，我厚顏無恥地，舉手參與這個學者義工計劃（其實我至今還懷疑自己到底有沒有資格自稱「學者」），並以煩過唐三藏的程度，跪求阿明

（化名）答應做我的訪談對象。

　　事實證明，唐三藏的「Only you」是有用的，我終於如願以償把繁忙的阿明拖出來問長問短，期望在他的故事裡，能找到一些可以拼湊出「香港人」這個身分的碎片。

運動裡的角色

　　先介紹一下，阿明是我中學時的師弟，現在是一位社工。一位以自己的創作才能，協助青少年人的社工。他的工作詳情就不便在這份報告中透露，不過阿明的社工和創作之路走得頗成功，成功得讓他能受到大專院校和機構的邀請，以嘉賓的身分出席座談會。

　　阿明在雨傘運動時已經走得很前，而他「前線」的身分，沒有隨著傘運的結束而一起「散場」。在2014到2019年間，他參與了很多大大小小的示威活動。也常在Facebook發文為社會的種種不公義發聲。這樣的一個熱血公民，當然不會缺席2019年的反修例運動。他支持這場運動，而且打從很早開始，就已經參與其中。當大家都把6月12日當成是這場運動的「第一天」時，阿明的「第一天」是在4月左右。他還跟我說，運動剛開始時遊行規模不大，參與的人數只有幾百人左右。

　　我問他，到底什麼驅使他參與這場運動？他第一個反應是：「可能因為我是位社工和基督徒吧。」

　　社工的訓練和信仰的教誨，讓他容忍不了自己無視不公義的事情、拒絕向有需要的人伸出援手：

　　「我常常看見這個社會上有很多不公平的事，而政府一直解決問題的方法，都是只是亡羊補牢，例如派錢。這樣子根本就無助解決任何問題。後來我慢慢發現，這是制度上的問題，是政府的問題。我們的政府不受人民監管，它只保護既得利益者，不保護市民。在一個健康的社會裡，公民的權利是應該受

到保障的，但我們的權利卻得不到任何保障。要解決社會上不公平的事，就必需要改變這個容許政府獨裁的制度。」

但讓他真正下定決心上前線的，是六一二那天的示威：

「6月12日那天給我印象最深刻，因為大家在經過五年後，再一次重返夏慤道。這五年來，很多事情都沒有變，人民的熱情沒變之外，連政府也沒有變，甚至是變本加厲。當時警方不停的發射催淚彈，要驅散示威者。在混亂中，我跟幾個年輕人經太古廣場，退到香港公園。我跟那幾個年輕人就在香港公園觀察下面的形勢，看看可以怎樣安全地離開。從公園的位置可以看到整條金鐘道。金鐘道上一邊是警察，另一邊是示威者。警察施放催淚彈時，示威者害怕地逃走，但當警方停止發射催淚彈後，示威者就走回前線，重新佈置好傘陣，再次站在被驅散前的位置，而那個位置仍然是煙霧瀰漫的。我當時哭了，不明白為什麼民眾會不斷的回頭，不斷的大叫『香港人！加油！』。其實那時是很危險的，前面有一大班警察在用盾敲打地面，示威者的裝備又很簡陋，所以他們其實是被煙熏得很辛苦的。那時我才發現，原來香港人很勇敢，很有骨氣。那個場景也鼓勵了我，不應該放棄，也不應該置身事外。於是我就問自己：我可以如何參與這場運動呢？因為我本身是社工，也是藝術創作者，所以我決定以自身的專長來幫忙。我跟幾位社工自發地組成義務社工團隊，專門幫助前線的年輕人。因為有很多新聞說前線有很多年輕人沒有錢吃飯、被趕出家。所以我們就做了一些外展的事工，幫助年輕人。」

於是，他成為了運動的中堅分子。除了外展工外，他還曾在網上捐款、捐贈物資、運送物資、在前線做防衛工作、分享網上示威資訊、在網上支持示威者、簽署網上聯署，另外罷工、罷市、遊行、集會、人鏈、拍攝紀錄還有採訪及撰文他都做過。他甚至曾在深夜到過警署，協助一些他認識的、被捕了的少年人，還協助他們的家人，並提供法律上的支援。

反修例運動爆發的原因

　　對於這場運動的起因，他認爲根源問題是「信任」。有人失信了，而且不只一次，讓失望的市民只能上街爭取原本被承諾會有的權利：

　　「最直接的原因，我認爲是因爲中港間的矛盾。香港回歸以來，中央政府一直都得不到香港人的信任。反送中運動之所以會出現，就是因爲香港人對內地司法制度的不信任，所以才不想被送中。而這種不信任，是因爲多年來一國兩制沒有得到眞正的落實。至少在香港人、在我們這群用家眼中，一國兩制沒有得到眞正的落實。特別是近年來，中央政府不斷干擾香港的內政。而且他們完全沒有憲法精神，他們只要求人民遵守《基本法》，但他們自己卻可以不守《基本法》，隨意釋法，而且是沒有後果的，他們也根本不介意自己有沒有遵守《基本法》行事。於是一國兩制形同虛設。

　　而比較間接的原因，是香港人對香港政府的不滿和不信任。一直以來，人民試圖用不同方法表達對政策上的意見，但總是不被接納。政府在施政上也只是重視既得利益者。爲市民發聲的artists會被封殺，企業又不能站在香港人這邊。完全不容許有不同的聲音。這種不滿和憤怒一直累積，就像一個快要爆的炸彈一樣。結果就是今年的送中條例引爆了這個炸彈。在受壓這麼久後，反抗這是很自然不過的反應。」

　　當問到阿明覺得這場抗爭會持續多久，他嘆了一口氣，面上露出了疲態。他知道這會是一場長期的抗爭，因爲他認爲沒有退路，放棄抗爭的話只會換來更黑暗的將來：

　　「我當然希望這場運動能快點結束，因爲眞的很辛苦，壓力也很大。我工作的性質是手停口停的，罷工、遊行和做外展工作到夜深也會影響我的收入。但我明白到這場運動不能就此結束。我們已經沒有退路，若果我們在這個關節眼上喊停，我們的結局將會更悲哀，會被算帳，會被捕，而且很多的付出也會變成白費。我們的代價太大了。所以這場運動可能會以不同的方式持續下去一段很長的時間，我想至少也會持續一年半載吧？說不定或許會持續更長的時

間。運動會一直持續下去，是因為很多人都不想妥協。五年前我們輸過一次了。而且很多人對將來都感到很絕望，即使我們現在放棄抗爭了，社會也不會因此而變得更好，只會變得更壞。」

所以他認為這場運動不會像傘運一樣輕易落幕：

「在傘運時，爭取不到雙普選，對人們生活的影響並不大。但現在，別說是普選，人們連基本的權利和自由都受到蠶食。而且這場運動爆發出來的那股氣勢實在是太強了，若果沒有任何實質的回應，整場運動不會突然平息。」

反修例運動的本質

那麼，在阿明的眼中，這場修例所帶來的風波，到底是場運動、暴動、還是革命？

「對我來說，三者之間的分別在於激進的程度。暴動純粹是破壞，搞亂社會秩序；運動是在體制內尋求改變；而革命是你連體制也想去改變。所以我認為這次的運動是介乎於運動與革命之間。起碼到這個階段，民眾未至於想要徹底地去推翻現有的政權，但又不是乖乖聽話的。所以我的理解是，它介乎於兩者之間，並且有點模糊，不過這種模糊有個好處，就是讓不同訴求的人也能進入這場運動當中。而我也不覺得這種模糊是一個大問題，大家繼續一起走下去，一起探究自己真正想要的是什麼，哪一個選項對香港最好。說白一點，就是民眾到底是想要港獨還是一國兩制。其實要定義這場是一場運動、革命還是暴動，是很主觀的，視乎你是抱著一個什麼樣的態度去參與。不過我想真正參與這場運動的人，不會覺得自己是在暴動，因為他們的行動並不是出於自私的想法。例如破壞店鋪，純粹是想表達抗議，而非想搶裡面的貨物。所以這並不是一場暴動。」

期望能達到的目標

說到希望這場運動能達到什麼目的，阿明期望能爲現有的制度帶來改變：

「我希望這場運動能爲整個體制帶來改革，無論是政府、警隊、還是施政方面的。希望政府能更重視市民的意見。其實我並沒有那麼偉大，像一些人能犧牲自己的性命和自由去達到這個目的。我希望能在不坐監的前提下，盡力去做我能做的事。而我認爲最迫切要改變的，是政制上的改革。很多問題發生，都是因爲政府不需要向人民負責。即使林鄭月娥想通了，爲香港人服務，但下任特首也未必是站在香港人這邊，特別是在香港人和中央政府有不同想法時，這個由中央政府任名的行政長官，也有很大機會不是站在香港人這邊。就算不普選行政長官，我想立法會普選也是必須的。而且中央政府也應該尊重一國兩制，其實沒有人想替全中國的人爭取民主。我想很少人這麼關心中國的事，大家最關心的始終是自己的家。回歸初期其實是最接近眞正的一國兩制，我們河水不犯井水，這是最好的。但問題是，中央政府不會這樣做。」

要達到政制上的改革，似乎還有很漫長的路要走，也涉及到很多的溝通、磋商和讓步。要各讓一步的話，阿明又接受到哪種程度的讓步呢？

「其實我是接受到一個獎門人式的大和解。就是打和啊。政府應該調查警察的濫暴問題，但不用追究他們。同樣地，政府也不追究任何示威者的責任。不向任何一方作出起訴，一切重新開始。」

修補社會的撕裂

握手言和式的大和解當然是好，但社會在運動中已被嚴重撕裂，我們應如何修補這樣的撕裂呢？阿明認爲解鈴還須繫鈴人，而造成今日局面的繫鈴人，就是政府。

「這是政府的責任，是政府造成今日的社會撕裂，而且還不斷去激化這種撕裂，分化人民。建制派也是，他們非常聽權力的話，見到中央喜歡強硬，見到強硬會有好處，他們就會照做，而且是歇斯底里地做。所以政府不應用人唯親，應該廣納賢才，那些委員會不能只有建制派的人，也應該有泛民的人參與。他們應該要接受有不同的意見，而且願意去聆聽不同的意見。制訂政策也須符合廣大市民的理益。我認為責任在政府，人民始終是沒有錯，因為他們的要求並不是什麼自私的要求。有些人說，人民應該要給政府一點時間。其實我們已經給政府有足足二十二年的時間了，一直以來我們太忍讓了。政府應該做一些實際的事和實際的改革，來挽回市民對他們的信任。」

反修例運動為香港帶來的改變

　　這場運動發展至今，已持續了四個多月（對阿明來說是六個多月）。除了帶來社會的撕裂外，還為香港帶來了什麼改變？

　　阿明認為最大的改變是公民覺醒，香港人重拾「香港人」這個身分：

　　「這場運動其中一個最大的意義，是一個公民社會力量的覺醒。大家發現原來我們團結一起時是可以做到很多事情的。例如罷買，用各種形式去抵制一些商鋪。原來我們這麼做時，可以蒸發他們八百億的股值，商場也要停，地鐵也要停。原來我們團結一致時，我們可以做到很多事。一些原本對政治冷感的人，也開始留意新聞、時事。這個都是健康的。當然還有社區的精神，很多社區的街坊會聯合起來，組成不同的地區關注組，還有聯合學校的組織。這正正體現了鄰里互助的精神，而且是香港過往所缺乏的。很多人也覺得重新拿回『香港人』這個身分。這個身分在過往常常被diminish、被壓抑、被貶低。現在我們把它拿回來，重新定義它，給它一個新的意義。」

「香港人」的身分

那在阿明的眼中，什麼謂之「香港人」？

「其實我覺得香港人整體也是崇尚民主和自由的。香港人在自己的地方，應該要有個話語權。這個話語權，以前在港英政府的年代也是沒有的。或許比起現在，以前港英年代的香港人有多一點點的話語權。起碼那些諮詢是真諮詢。但一些實質上權力，我們其實從來也沒有擁有過，就是所謂自決的權利，我們是沒有的。而且在經歷了這麼多年的殖民統治後，我們成為了一個很特別的族群，一個跟內地人不同的群體。不能說我們很鬼佬，而且我們也不是真正的鬼佬。我認為我們是一個中西方思想也有的族群，我們一方面重視中國文化，例如強調孝道，另一方面又追求民主自由。可惜近十年、二十年來，我們受到中國的影響，各方面都變得很壓抑，好像什麼事也一定要聽內地的話似的，例如大灣區。但其實我們本身更加嚮往的，是一個地球公民的身分。我們既有中國的思想，同時也擁抱有西方的價值，是一個中西文化交匯的地方，一個中西合璧的族群。」

那麼香港的核心價值是什麼？我們又應該要如何保留、維持及發展它們？

「首先是法治，然後是自由及民主。要保護和發展法治，其實是需要政府的努力。法治並非單純的指不要犯罪。香港的犯罪率非常低，香港原本就是一個非常安全的地方，香港人也很守法，所以政府的責任其實很大，他會不會堅守這個制度背後的精神，例如立法的程序、尊重司法獨立、尊重立法會在這個憲制裡的功能、尊重普選的承諾？這個法治歸根究底是保障人民的權利不受侵害，而不是用來限制人民的表達和自由。政府成天把法治掛在嘴邊，但政府自己也應該要尊重法治的精神，不能常常搬龍門，隨意釋法，也不是有權就盡用，例如隨便動用緊急法。法治背後的精神是希望得到人民的信任，不是用法治來限制人民。守法應是出於自動自覺的。

至於保護自由的方法，就是去行使它。例如保護言論自由，我們就不應該害怕、應該更勇敢的發聲。又或者是出版的自由，我們應繼續創作。我們也需

要教育下一代去行使這些自由。當自由遭到壓迫時，我們應該要強烈地譴責這些行為。

而民主呢，其實我們並沒有得到很多民主。只有立法會和區議會有民主的成分。要保留本身僅有的民主的話，就應在立法會、區議會選舉時，投票給會維護這些價值的候選人。並且繼續表達我們對民主的渴求，繼續向政府施壓、爭取，不放棄抗爭。其實香港是一個很進步的城市，我們有一些西方的思想，人民也應該擁有，而且也已準備好擁有民主。這跟內地不同。不過我根本就沒興趣知道內地的民主到底進展到什麼程度。但以香港的情況來說，民主能讓社會更穩定。」

香港的未來

話又說回來，既然阿明認為這場運動不會在短時間內結束，未來它又會以什麼樣的方式繼續下去？

「我個人希望這場運動能以非暴力的方式繼續進行下去。其實我覺得不合作運動有很大的發展空間。比較激進的抗爭方法固然能為商界和政府帶來一點壓力，但這種抗爭方式並非健康，也沒可持續性。我認為要有一些比較『環保』的方法，就是可以重用的抗爭方式，不合作運動就是其中一種。這種方法可能比較間接，需要多人配合，也需要更長時間去準備，不像打爆商店的玻璃窗一樣直接。而且不合作運動需要做一些能為政府帶來最大壓力的事，例如不交稅呀、罷買呀、罷工等。我認為香港人應該朝這個方向發展。這些不合作運動的成本其實不高，可惜大家對這些行動不太熱衷。」

至於未來的香港會變成什麼樣子呢？阿明第一個反應是問我：「你在問理想中的？或是現實中的？」

看來阿明對香港的未來真的不太樂觀，以至於他認為未來的香港和他心目中的香港必然有差距：

「理想中的話，我希望香港能像回歸前一樣國際化。有自己的文化，而且受到尊重。其實英國人也很尊重我們，沒有迫我們做英國人，沒有迫我們看到英國國旗要哭。我希望香港能有自己的文化，有自己獨特的生活方式，有自己的語言、文字，有自己的文化產業。社會資源分配比較公平，不是只有一部分人能富起來。弱勢社群的生活可以有更多的保障。我們的社會可以繼續奉行資本主義，但應該有一個更加完善的福利制度和稅制。人民的起居飲食也應該容易一點，房屋應該屬個人的基本保障，不會再有人需要住在惡劣的環境中。人口政策也應該限制移民人數，這麼小的地方，人口不應無止境似地加上去，應該控制在一個合理的水平之內，這樣大家才能有一個比較合理的生活。教育可以開明一點，不要填鴨式教育，也不應只偏重傳統學術的發展，應該讓有不同潛質的人也能得到發展。醫療保障也要完善一點，因為人口開始老化了。醫療服務的輪候時間真的不應該這麼久。安老和退休也應有更完善的保障。經濟上，應多支持地區的經濟和本土的產業發展，不應只偏重大企業。政府應預留更多公共的空間，或公共資源，讓人民能發展一些小本經營。勞工的話，也應設有最高工時，工會的權利也應受到保障。人民能享受生活，做自己想做的事。在國際上有獨特的地位，大家能覺得香港是一個特別的城市，人民有很高的公民質素。

至於現實嘛，就是變成大灣區啊，大灣區香港市。其實距離二次的回歸2047還有二十幾年，香港的未來到底會變成怎樣還要看中國的決定。我覺得香港人會繼續抗爭下去，不可能到2047年時，全部人都變成順民。但香港繼續抗爭的話，香港也會耗損。到底情況是會變得越來越差，還是越來越好，這要看香港政府如何看待抗爭者的訴求。而香港政府如何回應，也是看中央如何看待香港。假若中央繼續堅持強硬的立場，香港的耗損將會越來越嚴重，經濟發展停滯不前，社會會不安定。在這場抗爭裡，我想我們應該可以爭取到一些事，例如你看，民建聯近來也突然支持土地收回條例呀！我想在民生上政府可能會作出一些小的退讓，但大的改善，我想未必會有。雖然政策上可能會有小退讓，但人民仍然會生活得很不開心，有很多的憤怒和很多的對立。而且這些

會不斷累積，到二十年後，人民到底會變多憤怒，行動會有多激進？這個我還真的不敢想像。不過香港人跟內地人不同，香港人遺傳了西方社會的一些價值觀，面對不公平的事，會反抗的人比內地的多，所以即使到了2047年，香港人是不會放棄反抗。」

結尾

在阿明的故事中，我看到了構成「香港人」這個身分的主要成分：中西合璧。這個特質，讓阿明對自己華裔的身分很有自覺，雖曾受過英國管治，卻始終不認為自己是英國人，但同時間又無法與住在大陸的華裔民眾產生共鳴。這讓阿明意識到「香港人」是特別的：不是英國人，也不是中國人，只能以「香港人」來形容這種兩邊都不是的狀態。這個身分，就像一國兩制一樣，在一個小小的地方裡，同時並存兩種截然不同的制度，最後成形出「香港」這個城市來。

話說回來，「香港人」這個身分認同，似乎「自古以來」也是在抗爭中建立的。記得我雙親（到2047年時他們在社會上就沒有stake了）自小教導我是一個「中國香港人」。在他們眼中，英國政府雖然把他們照顧得很好，但他們總認為「英國人亡我大中華之心不死」。一有時間就對還在唸小學、連乘數表也沒背得好的我說：「英國總是在自己殖民地上埋下一些矛盾，讓這些殖民地回歸後變得動盪。」在英治年代，他們也看到很多社會的不公義：「很多英國人能在香港爬到很高的位置，純粹因為他們是英國人，其實他們一點才能也沒有。」還有利益的輸送：「你以為英國人建地鐵是為香港人好嗎？車廂、路軌甚至是階磚也要向英國購買，他們只不過是想掏空香港人的國庫來自肥而已。」所以他們喜歡一切親華的港督，對彭定康這位末代港督，他們由肥彭上任那一天起，一直罵他罵到2019年的今天。他們常向我強調中國人的身分，但又發現自己跟鄉下的親戚很不同，所以只好告訴我：「我們是中國香港人」。

在我看來，他們不認同自己是「英國人」，就像今天我們強調自己「不是中國人」一樣，是出於對強權、對社會不公的反彈，繼而產生出一種「我不是××人，我是香港人」的自覺。

　　這種於長期抗爭中（由英治時期到回歸以後）產生出來的身分認同，就像一個鐘擺一樣。在不受壓時，鐘擺能在兩邊自由擺動：可以在高呼「中國很好」的同時，擁抱西方的價值觀。但當受到壓迫時，鐘擺就會側向一邊。至於側向哪一邊，就看當事人認為自己是受到中國政府壓迫還是西方世界壓迫了。所以黃營和藍營的文宣著眼點也是很不一樣的：黃營強調「香港人」及「世界公民」的身分，藉此來與「中國人」這個身分和勢力抗衡；而藍營則以「中國人」的身分及「香港是中國一部分」的事實，來強調香港不再屬於英國或世界的。這種理解上的差距，讓很多黃絲跟藍絲溝通時很崩潰，也讓很多藍絲質問黃絲為何如此大逆不道。

　　或許，讓鐘擺不側向任何一邊，繼續搖擺，是一件對大家都好的事。但這就像香港的「一國兩制」一樣，要達到完美的平衡（或起碼是不讓兩邊都爆發的平衡），需要很高的智慧。問題是：香港政府有沒有能力、中央政府有沒有意願去達到這種平衡呢？

　　好吧，我承認這個問題很蠢。

　　如果會的話，我2019年的暑假回憶，就不會只餘下催淚彈和那個從高樓墜下的黃色身影了。

May | 人能把我們怎麼樣呢？

在朋友的介紹下，我認識了May（化名），一位20多歲的年輕女性。May表現得勇敢、坦白、直接、純潔、和充滿愛心；在訪問裡，她的每一個回應都充滿著真誠。以下是我們的訪談內容：

*筆者＝筆；May＝M

筆：請形容一下你和這場運動的關係和立場。

M：一開始我的參與純粹是為了反《逃犯條例》。因為聽到很多人說我們應該要出來遊行，所以便和朋友以和平遊行去表達我們的訴求，不想這條《逃犯條例》通過。第一次出去是6月9日。經歷了四個多月後，現在我們算是站在中間甚至是前線的位置。而現在爭取的已經不是要反對《逃犯條例》，而是「五大訴求，缺一不可」。

筆：請詳細描述你在這場運動中的角色。

M：我的前線行動是這樣的：我第一次站前線是在8月5日，那天抗爭者號召三

罷（罷工、罷課、罷市），18區一起響應。那時，我第一次戴頭盔、眼罩和普通口罩，我們全部人的手腳都包著保鮮紙，站在黃大仙防暴警察的前面預備去滅催淚彈，即是見有催淚彈我們便盡快用水淋熄它，或用物件蓋著它讓它熄滅。這天我們還同時經歷了橡膠子彈。

記得當時有一個催淚彈掉在我身旁，我很想弄熄這個催淚彈，但那時我不小心吸了一口氣，跟著我感到肺部很痛（別忘了我只戴了一個普通口罩）。回家後我的肺部痛了好幾天，非常辛苦，感覺是有化學物黏著我的耳、鼻、喉、和肺部，呼吸的時候背部及心口都很不舒服；我沒有了胃口，吃不下，又拉肚子。

我也試過作防衛的角色：忘記是在哪一天，有一個陌生人突然衝著我說：「你可以幫我嗎？我這裡有很多生理鹽水，如果示威者有需要，你可否與我上前幫他們沖洗呢？」我立刻答應了。那天，當有前線的人中了催淚彈，我們便上前用生理鹽水幫他們沖洗，感受到他們的面及眼會痛得很。沖洗後如果防暴警察前進，我們便後退；如果防暴警察後退，我們便繼續前進，這是我們的策略。那天我沒有full gear，但有人給我保鮮紙，我便包著自己作保護。雖然我在現場聞到催淚彈的氣味，並感到不舒服，眼睛有些痛，但因為大家物資不充足，所以我沒有再跑到外圍尋找口罩。既然我手裡拿著生理鹽水，是應該專心幫助前線的人。這便是我作防衛的角色。

筆：你在這場運動中還有參與過其他項目嗎？

M：我有網上捐款，簽署網上聯署，響應罷工、罷課及罷市。我無時無刻都用Facebook、Instagram、Telegram和WhatsApp與我的朋友分享示威資訊及支持示威者。我的朋友也用同樣的方法與我分享。

還有，我在鑽石山、彩虹、觀塘及將軍澳貼連儂牆。到達連儂牆的時候我已經見到有人用膠水貼海報，於是我便立刻幫手。如果現場沒有人，我通常會寫一些標語，然後貼上去，這只不過是少許的支持。另外，我也

派過宣傳單張。首先有人負責製造宣傳單張，例如何時遊行或其他資訊。那個人做完後便分派給我，我便負責派及貼。之後我沒有再派宣傳單張及貼文宣了，因為我站上了前線。

至於遊行，民陣的集會遊行我每次都有參加，但我不參加人鏈；我覺得人鏈是中學生參加的，參加後大家好像沒有什麼感覺，好像是一件太平凡的事。雖然有人會影相，但最後人們卻討論示威者怎樣衝擊，所以我不參加人鏈。

此外，我有捐贈及運送物資。我捐贈了退熱貼、口罩、毛巾、水、生理鹽水和飯。第一次運送物資是6月11日，因為從Telegram知道前線需要捐贈及幫忙運送物資，所以我便捐贈及幫助運送別人送的及自己買的物資。之後的日子我也有幫忙運物資。

最後，我有兩次組織小隊伍的經驗。作為一個聯絡人，我負責集合想做前線的朋友，讓大家組成小隊，然後我們帶full gear上前線。但我不是隊長，沒有人是隊長。我們組成小隊後便一起努力及互相支持。後來大家在前線熟習了環境及認識更多的人，便各自組成其他隊伍。最緊要大家都有出力，有付出。

筆：你是在何時開始正式參與這場運動？

M：我認為自己是在6月12日正式開始參加這場運動，地點是在政府總部（政總）出面的夏慤道。夏慤道很闊，有12條行車線，那時我站在行車線的最左邊，最右邊有另外一群人。中間是行車的，不是行人的。那時候有些人衝了出去想佔路，但佔不到，失敗了；不過，當兩邊越來越多人站著的時候，我們對望且感應到大家都有相同的想法。這時候突然有人大叫：「同我全部出去！」於是我們便一窩蜂的衝了出去，佔據了夏慤道。那次是我第一次佔路，也是我整個運動的開始。

筆：什麼驅使你決定站出來參與這場運動？

M：因為6月9日100萬人遊行，林鄭月娥卻不理會我們的聲音，決意在6月12日
　　進行二讀。《逃犯條例》是一件很嚴重的事，香港政府可以將所有他們認
　　為有罪的人運去大陸審判，而大陸的司法同香港的司法制度是不同的；香
　　港是一定要有證據才能入罪，但在大陸，只要他們覺得我錯我便要坐監。
　　這樣的話，是否我在網上說些他們不喜歡的東西便要被判有罪呢？我是否
　　要自我審查呢？記者也要自我審查嗎？那麼我以後還讀到真的新聞嗎？所
　　以，我決定站出來參與這場運動。

筆：你認為這場運動有否反映出香港社會出現了的問題呢？

M：有，一定有。運動來到這一刻，香港的主要問題是警權過大、濫用暴力及
　　政府完全放棄年輕的一代。我想，林鄭月娥、何君堯和一班建制派的人最
　　多還有40年壽命，但我們這一代年輕人仍然有很多年要生活在香港，政府
　　卻為了自己的私利去放棄年輕人。我沒有被重視，90後及千禧年的人也沒
　　有被政府重視。這些問題便由這場運動反映出來了。

筆：請講述你參與這場運動印象最深的經歷和感受。

M：（把顫抖的雙手捂住臉，邊哭邊說）6月15日第一個義士穿著黃色雨衣跳
　　下來自殺是我對這場運動最深的感受。6月15日那天我不在現場，我是在
　　義士死去的頭七（6月21日）那天給他獻花。他是被政府逼到絕望而自
　　殺，其實很多年輕人都有這種想法。那天我去獻花，就在獻花的地點我見
　　到很多人在哭，大家都在問為什麼政府要逼死一個人？為什麼香港要這
　　樣？為什麼香港要逼死我們？我感覺好像整個政府都要離棄年輕人。我未
　　試過為一個不認識的人哭起來，又與這麼多人一起哭。大家的樣子都很絕
　　望，那種絕望的感覺是非常深刻的，也是極之傷心的。

（我倆停止交談一會兒來平復心情。）

筆：這些經歷和感受有否影響你在這場運動的角色？

M：有。這件事之後，我變得積極了。以前我從來都不會積極參加政治活動或運動，但這件事令我更加留意政府在做什麼；所以每一次有活動、集會、遊行及衝擊我都會留意，然後我會和其他人一起參加。這件事也令我越來越走得前；我越看清楚政府做的每一件事，我便越忍不住自己的怒氣及激動，然後便越走越前。

筆：反送中運動6月9日至現在已四個多月，你認爲這場運動會延續多久？

M：我認爲會延續到警隊解散（即完全沒有警隊），或政府捉盡我們所有年輕人爲止（即完全沒有年輕人），這場運動才會完結。

　　初時我以爲衝擊立法會後，政府會妥協。我沒有想過他們竟然可以這樣瘋狂，將整件事顛倒是非黑白！林鄭月娥竟然爲了一塊玻璃去責罵我們！以前我以爲這場運動很快便會完結，但現在已經歷了四個多月，我完全看不到一個會完結的跡象。

筆：你期望這場運動能達到什麼目的？

M：我希望警隊內所有犯過錯的人都要承受責任及受處分，警察要承認他們眞的有殺死人，還死者一個公道。另外，給警察打傷的人，尤其是重傷要被縫多針的，我眞不知道他們何時才能痊癒和可以像以前過回正常的生活。還有，要特赦所有在這運動中被捕的人士，政府和警隊要還他們清白，被捕的人的前途不要就這樣白費掉，我也不想再看到有示威者犧牲。如果政府和警隊肯做這些事，我想，一大半香港人可能會與政府妥協或作一定的退讓。其實很多人也是這樣期望，這是最低及最基本的要求。

筆：你願意犧牲多少去促成這場運動所想要達成的目的？

M：（回答的時候，雙手蓋住面部，眼淚從指縫間流下來）如果我的犧牲可以對這場運動有幫助，我覺得，我可以犧牲……我可以犧牲我的前途，最重

要是身邊的人不要再受傷了。但是，如果有一刻要犧牲我的性命，我也沒有辦法阻止。

（我們再停下來，讓大家平復片刻。）

筆：May，你認為如何修補社會上的撕裂？

M：我認為社會上的撕裂不能修補，最起碼我這一生都會記得政府不聽人民聲音，警隊不守法且殘害市民及很多商家都因中國的利益而選擇違背良心。
　　我不再相信政府，不再相信警隊，不再相信這些為錢、為利益、為自己的人。

筆：你認為你如何才能重拾對政府的信任？

M：我永遠不能重拾對政府的信任，是沒有可能的，我完全不能接受，不可以。想了很久我仍然不可以重拾對政府的任何信任。

筆：你認為截至目前為止，這場運動對你帶來了怎樣的改變？

M：有的。以前我不關心政治問題，也不理會身邊的人，但是這場運動令我關注很多社會問題。試想想，這一代過得不好，下一代又怎會過得好呢？比我年紀小的人又怎會過得好呢？我又發現原來政治一直是黑暗的，是我以前沒有留意。此外，如果我有事的話，我不會再找警察，原來找警察是沒有用的。假如我的錢包不見了，錢不見了或被人偷了東西，我都不會找所謂的警察去幫助我。

筆：你認為這是一場運動、暴動還是革命？

M：我認為這是一場香港人的革命！可能外國人會覺得我們很柔弱，因為我們不敢像外國人那般激進。網上的外國人和我的外國朋友均對我說：「革命不是這樣的！革命是大家都豁出去，不要性命的去搏鬥！」但對我來說，

這是一場香港人的革命！皆因我身邊的人好像已經放棄一切去搏鬥！另外，我覺得香港人的質素很高，因為香港人遊行抗爭的時候不會像外國人去搶劫，去傷害無辜的人，香港人是對準政權去攻擊，所以我認為這是一個屬於香港人的革命！

筆：運動、暴動、革命，你怎樣理解三者之間的分別呢？

M：運動純粹是人們定期去遊行，例如民陣搞的便叫做運動。暴動是七二一白衫人打人便叫暴動，因為他們連無辜的人也打，路過的人也打，這些便是暴力，這些便是暴動。革命是我們對準政權，指向政權，不傷害無辜的人，只會向傷害我們的政府還手。如果白衫人不打人，我們是不會還手的。所以我認為這是一場革命。

筆：你認為香港的核心價值是什麼？

M：（微笑著說）香港的核心價值是言論自由、新聞自由和司法獨立。言論自由是容許社會有不同的聲音，不同的意見，大家都不用怕說錯話會被捉去坐牢。新聞自由是能夠讀到不同種類的新聞，例如，如果你支持政府，你可閱讀《星島日報》；如果你喜歡民主，你可閱讀《蘋果日報》。這就是香港的好處，很多不同的聲音都能共融。我不希望這麼自由及共融的社會被抹煞，我不想未來只聽到愛中國的聲音。

筆：要如何保留香港的核心價值？

M：當然要雙普選特首，然後製造一個自由美好的未來，不要突然再有緊急法或什麼條例去嚇香港人、嚇記者，嚇得他們要自我審查！真的不應該。如果要保留香港的核心價值，便一定不能夠再有這些奇奇怪怪的法例。我們需要有一個所有香港人都喜歡的特首，而不是以689票或777票當選的人。

筆：怎樣發展香港的核心價值？

M：首先要限制新移民的數目，因爲他們佔用了香港太多的資源，他們一邊享用香港的福利又一邊用他們對「祖國的一套價值觀」套入香港。雖然我們應接受不同的聲音，但每日這麼多新移民來香港，他們的聲音便不是在與我們溝通，而是在淹沒我們。所以我希望政府將來能限制新移民的數目。

筆：你認爲香港未來的社會運動會以什麼方式進行？
M：我不知道，因爲這幾個月的變化太大了，所以我眞的不知道未來的社會運動會以什麼方式進行。

筆：你幻想香港未來的景況是怎樣的？
M：坦白說，我覺得香港沒有未來，每一次想起香港我便不開心，你還要我幻想香港的將來？我現在也顧不了，那我怎樣幻想將來呢？

筆：你幻想香港未來的制度是怎樣的？
M：我覺得香港未來的制度不會有雙普選，會不斷被中國箝制，可能越來越沒有自由，可能限制上網的自由，可能香港變了不再是香港，而是變了中國香港省。我不太看到將來的美好，反而我覺得將來更加差，現在只是一個開始。

筆：你幻想香港未來的國際地位是怎樣的？
M：我幻想未來的香港國際地位是越來越低，越來越不重要，因爲香港舔共！香港變了一隻狗那樣舔中共鞋底，沒有了自己獨立的角色，香港的國際地位還可以高到哪裡？從前香港地位高就是因爲香港與中國不同，香港很特別，又受人重視。現在香港主動去舔中國鞋底便失去了原來的特色，變得像狗一樣，是沒有人會喜歡的，是沒有人會理會的。如果香港繼續維持這種行爲，香港的國際地位只會越來越低。

筆：May，最後你有什麼說話想告訴大家？

M：（本來心情已平復的May再次傷心起來，哭著說）：大家不要放棄，但也不要犧牲自己，因為不單你家人會很傷心，與你一起努力過的人也會很傷心。希望大家可以加油，一起捱過！我愛香港！

筆者簡單的剖析及個人回應

這是一個很痛的訪談，May和我在訪談過程中曾多次哭泣及需要停下來平復心情，因為我們都因這四個月的抗爭心靈受盡創傷，創傷未醫治卻又要在訪問裡重新將傷口打開，仔細深入檢查、分析，這確需要很大的勇氣及忍耐。May，感謝你，希望你抒發感受後，心情會好些，輕省些。

May，在訪問中你說，當警隊解散或政府捉盡所有年輕人時，這場運動才會完結。我卻有另一看法！

有次我在街上親耳聽見一位老人家說：「我老了，如果我的生命能拯救年輕人，我願意犧牲。」又有一次，明知是非法遊行我仍決意要參加，心中充滿極大的壓力及悲憤。當我去到遊行起點時，才發現原來早已有一大班銀髮族在起點等候著。看到他們的同在，立刻加添了我無限的安全感及勇氣，讓我勇敢的走下去。所以，May，就算所有年輕人被逮捕，我深信公公婆婆們或其他叔叔姨姨們也會延續這場運動的。

和May不同，我是和理非。在這場運動裡我參加過遊行及集會共23次。由6月9日到現在為止，我發覺遊行及集會一次比一次危險，我的壓力也一次比一次大。記得10月1日早上我穿著黑衣走在街上時，別人眼光給我的壓力及自己給自己的壓力都令我透不過氣來！我突然感到自己非常討厭香港，不想再在這裡住下去！在這高壓、連穿衣、說話也沒有丁點自由的社會居住，實在令我痛苦萬分。May，與你一樣，我看不到香港有將來，但我深信充滿公義的主必幫助我們，「人能把我們怎麼樣呢？」*。

*出自詩篇118:6

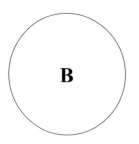

B

未來，大家會把運動
視為日常的一部分*

*由編輯團隊摘錄自篇章

筆者背景

　　我的專業背景為教育心理學，受過研究及專業臨床訓練，工作主要服務兒童、青少年、家長及教育界同工。我的研究集中於有特殊需要學童的教育需要及心理支援，但廣泛研究興趣亦包含利用不同質性研究範式和方法學（qualitative inquiry）和批判理論（critical theory）去研究和探討不同社會公義的議題。

　　我在過去幾年因攻讀博士學位和接受博士後的訓練，大部分時間留在美國，由雨傘運動至今年的反送中運動都不能夠親身參與，立場上雖然十分支持，無時無刻緊貼香港最新的情況，但在外國能做到的事始終有限，傳過文宣新聞之後，都難免有很大的無力感和孤獨感，仍然很想為香港做更多對運動有幫助的事。再加上我一早已經安排今年底會回流香港定居和工作，此時發生如此浩蕩的社會運動，實在會對我未來的工作和生活產生很多方面的影響。

訪談內容

　　基於我的研究興趣和個人對香港的感情，自7月起，即此計劃實行之前，我便開始以獨立研究員身分試行訪問不同香港學生（包含大、中、小學生），以了解他們對於香港近期發生的社會運動的看法和感受，並試行一個以照片為主的質性研究方法（i.e. Photovoice），鼓勵學生在日常生活中拍下照片，去紀錄自己在社區裡的親身經歷和感受。

　　連月來主要接觸過三位學生，本報告集中描述B同學的訪問。B同學是一名B歲的女生，今年暑假剛從中學畢業，現時為一間本地大學的本科生，主修B。由7月底開始，B同學一直有用照片紀錄她在運動中的所見所聞，並與我分享這些照片及她的感受和經歷。截至本報告完成日期（10月底），B同學提供了37張照片，與我一共進行了三次訪談，每次大約一小時。訪談以B同學為主導，並沒有預設任何問題或限制，目的為讓B同學透過相片的描述去表達她的心路歷程，而我在過程中利用開放式提問，深入了解她在不同事件中的感受和想法。

　　綜合幾次的訪談內容，我對B同學在是次運動中的經歷和感受有以下幾個觀察：

雨傘運動後的影響

　　在五年前的雨傘運動，B同學首次認識和參與社會運動，帶給她的烙印，就是運動最終宣告失敗的無力感。五年的過去，香港社會爆發另一個運動，B同學一方面感受到相類似的無力感，害怕這場運動會與五年前一樣失敗作結，因為縱使一眾市民用不同方法向政府表達不滿和訴求，亦不能帶來什麼實質改變；但另一方面，B同學知道要盡量減低無力感，又經常強調要不放棄，而這種力量的背後，是由很多不同的經歷和感受而產生的。例如，B同學在運動初

期看到很多創意文宣海報，看到各式各樣的連儂牆／隧道，對香港人所展示的新能量和構思感到驚嘆：「一直覺得香港人好老土、無聊、沒什麼創意。在反送中的所有行動中推翻了此想法。」

運動中的情緒變化和感受

面對社會中種種的警察濫暴、反對人士襲擊、政權冷待和偏頗性管治下的白色恐怖，B同學難免感到憤怒和恐懼：「經過警署，大家也舉起傘子，怕會有什麼事發生。經過邨屋，大家也舉起傘子，怕居民會高空擲物。」（8月4日將軍澳遊行）

儘管害怕，她的意志和信心並沒有減退，而且信念堅定，一直盡最大努力堅持下去：「九二七『聲援及關注新屋嶺被捕者人權集會』聽到一個個受害人受到無理、不人道遭遇，不禁哭了出來。無比的憤怒，告訴我們要堅持下去，不能放棄。」「和父親去遊行。橋上看到防暴戒備，我一手捉住父親的手臂，把黑傘遮蓋他的面，作保護。害怕黑警無預警地開槍。那一刻已經有了中槍或被拘捕的覺悟。感到害怕，但沒有被動搖，非常堅定。」（十一遊行）她又提到：「遊行化為了日常活動。即使知道遊行未必有用，但還是想趁著自己擁有遊行這個權利，而出來為香港，為自己發聲。」

在憤怒、恐懼、無力感的籠罩下，是什麼令B同學不退縮呢？她多次提到，是身邊的同路人，令她感受到溫暖，帶給她的支持，令她更勇敢地繼續堅持下去：「即使害怕，看到身邊的大家陪伴著，就變得勇敢了。」「感到害怕，但沒有被動搖，非常堅定。因為有好多同路人在身邊，而且，比起賭上人生和性命的前線手足，比起被濫捕和虐待的同伴，他們面對的比我面對的可怕100萬倍。」

例如，B同學在大學的開學日，看見一眾學生罷課的情形，又遇到了同系師兄帶領她參與不同活動，她憶述：「明明前幾天我還不停困在負面情緒之

中。今天見到好多同路人，大家也疲倦了，但大家也堅持著。這時候我也不可能放棄。是感動難忘的一天。」

她又講述自己在社區中參與人鏈和叫口號活動，看到身邊的同學、街坊、甚至素未謀面的香港人，提醒她原來仍有很多人在堅持，運動還未完結，不要放棄：「自己一人叫完光復香港的口號，發現沒有人回應，立刻轉心行上樓梯回家。行上一級樓梯的一瞬間，右上的單位突然有一把巨響，回覆了時代革命。感受到無比的溫暖。」

運動中的參與和角色

B同學自6月以來參與過與運動相關的活動，如上面提及過的，有遊行、集會、社區「打氣」活動、大學文宣、罷課等等。雖然沒有正式記錄參與的次數，但印象中B同學的參與度絕對不低，無論是一些特別日子，還是日常生活的抗爭活動，B同學都有參與。

從B同學口中講述她由五年前雨傘運動到近幾個月的社會運動參與，她的參與和投入是有增無減。她憶述五年前還是一個初中生的她，首次接觸社會運動，因為過於害怕並沒有到佔領區，只在網上做「冷氣軍師」：「對於那個時候沒有站出來的自己，並沒有怪責或責備，因為那時的自己年輕沒有怎樣接觸政治。也沒有足夠的經驗和思考能力，這樣的自己很容易變成盲撐的人。」

到今年的反送中運動，可能是基於五年以來積聚和壓抑的無力感，又或是社會大眾在今次運動中激發的團結甚至創意，令B同學有更大的勇氣和決心去做更多和走更前，再加上她剛進大學，身分和空間的轉變都令她更能以不同形式參與這場運動。

B同學提到在大學裡認識到一些同學，不但作為她在運動中的模範，更重要的是能夠帶領她參與運動裡更多不同的角色。在B同學口中，她自己是一個比較內向的人，但同時又有很熱切地想為社會貢獻更多，所以她都提到自己的

心態是較想別人做領導的角色，去推動和陪伴自己參與更多，因為她對自己信心不大，又會懷疑自己做的事是對或是錯，所以別人的帶領和扶持很能帶給她多一些勇氣和決心。例如她透過認識大學的師兄，接觸了學系和大學裡的社運群組，從而使她有機會第一次參與文宣創作，不但能在這崗位上發揮自己的才能和展示自己的理念，並能身體力行向更多人宣揚運動的精神和行動：在設計文宣海報時，她很有主見地用輕鬆滑稽的手法，結合漫畫元素，去呼籲同學參與罷課抗爭的迫切性。

大學以外，不能不提到她的家人，B同學形容自己的家人都是「偏黃」，很支持這場運動。在不同的相片和對話中，她都有提到爸爸和姐姐經常陪伴她一同參與遊行，相信家庭在背後給她很大的影響和支持：「很多的政治歷史和知識也是由爸爸教授，遊行集會變成了家庭活動，家人之間的關係也親密了。」

最後值得一提的是，B同學在近期表達了更多要「進化」，一來是面對社會上發生越來越荒誕和令人髮指的事情，她選擇的空間似乎越來越小，所以只能反抗；另一方面是她在運動的進程中漸漸的成長和壯大，使她變得更無畏無懼去做自己認為是對和需要做的事情。例如在最近10月4日蒙面法生效前夕，她作出了很多第一次的嘗試：「大概知道旺角會有抗議的活動，因此約了朋友去旺角吃晚飯。和朋友道別後，我轉角看到有大量人聚集在旺角的十字路口。我正思考，我應該盡快回家，還是再待一會看情況。經過這幾天不斷告訴自己要進化，我留下了。人群開始了小型快閃遊行。踏出馬路的那刻，可能因為第一次無人陪同，心跳加速和腳開始震。口號，由「香港人加油」，變成「香港人反抗」。看到有人要拆馬路的欄杆，就幫忙傘陣。看到有人拆黨鐵、裝修紅店，也幫忙傘陣，保護手足。遊行待了一個半鐘就離開了。原來那天各區開花，那一次回不了家，上了朋友家住一晚。」

對運動和香港的展望

以下是B同學親自用文字表達她對未來的看法：
香港嘅核心價值是⋯⋯

香港應有法治、人權、誠信、廉潔、新聞自由、言論自由、集會自由。
持續保存香港本地的獨有文化及語言。

認為未來的社會運動會以什麼方式去繼續⋯⋯

大家會把運動視為日常的一部分。例如每天戴口罩、每個禮拜六日去遊
行集會、每天幫襯黃店、每晚十八區商場開花。定期會有創新的活動，
如之前有大型遊行變化到18區開花，變化到各自在家中大叫口號，變化
到大家在商場唱歌，變化到每朝早學生人鏈，變化到萬聖節面具人鏈，
變化到紙鶴祈禱會。運動嘅演繹方法會不停轉變、不停創新。

對未來的想像⋯⋯

壞方面是，這場運動持續了幾年，香港完全失去法治，當權者為所欲
為。越來越多手足被自殺被虐待被性侵，而仍未有任何犯法官員或警員
得到應得的制裁。大部分反對派立法會議員被DQ，立法會建制派議員
佔大半。政府強行進行、落實各種惡法，國歌法、辱警罪續推、全港設
智能燈柱（人面辨識、網絡監控）⋯⋯新一代學習簡體字和普通話，廣
東話和繁體字在香港漸漸消失。香港人也被打壓得沒能發聲，香港人此
民族漸漸消失。我哋失去一切，社會、自由、法治、文化、教育⋯⋯

好方面是，政府回應五大訴求，回復了應有的法治，犯法官員和警員得

到應得的懲罰和制裁。全面落實「真雙普選」，令市民可以選出真心為民服務，願意聆聽的政府。手足們能煲底相見。

說實話，我看到的光很渺茫。面對極權國家，我們只是一個城市，還要已經移交於這個極權國家管理的城市。加上當權者、執法者和黑社會三個合作，完全漠視市民的需要。雖然一開始出嚟遊行都覺得送中條例是不可能撤回的，但是犧牲了很多，最終才撤回到。因此我沒有想過這次運動我哋會贏。

結語

我本人與B同學雖然素未謀面，又看似隔了幾個世代，但我們同樣對這場運動初心不變，對香港的熱愛由此至終都沒有減退。對於運動一路以來的發展，和最近發生的種種事情，我們同樣有心態的轉變，經過長期的憤怒和傷心洗禮過後，我們的情緒可能再沒有容易波動，但不變的，是我們追求真理、平等和公義的心。問題一日未解決，運動都不會完結，大家的決心會一直下去。

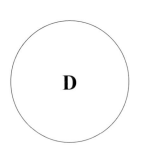

香港從來都沒有嚐過
民主的鮮甜

  反送中運動始於6月9日，在本報告撰寫之時已持續了五個月之久，似乎還沒有結束的跡象。無論觀點如何，大多數香港人也會同意這是自香港回歸中國以來最重要的社會事件。各年齡層以及政治觀點不同的港人對於這運動的看法存有重大差距。因此讓社會上不同的人公平公正地分享自己的觀點十分重要。這對於2047年之後還活躍於社會上，即現今的年輕一代尤其重要，因為到時一國兩制並未有保證。然而他們現今因年輕而普遍較低的社會地位，卻讓他們的聲音不被當權者重視。

  此報告描述一名年輕人對反逃犯引渡條例修訂運動的觀點以及作者對其觀點的解釋。首先，報告簡要介紹有關受訪者的背景以及與筆者的關係。之後再詳述他的訪問內容，政治觀點以及對香港未來的展望。最後會從筆者的角度去理解本次社會事件。

  這次採訪於10月中旬進行。這時暴力事件正急劇上升，包括警察對示威者進行實彈射擊，示威者以汽油彈還擊，某些商店遭到破壞等比比皆是。筆者於7月在區內示威活動的素人組織中認識受訪者（以下簡稱D）。活動中D參與了捐贈、後勤和保安等方面的示威遊行工作。在整個反修例運動中，他一直都積

極參與，包括遊行、集會、修復連儂牆，以及不同團體的組織。

參加運動的原因

D是在6月9日起開始參加這場運動的，其立場自然是支持運動。在運動中他曾參與以下的行動：

- 現場捐款
- 網上捐款
- 物資捐贈
- 物資運送／傳遞
- 前線／防衛行動
- 貼連儂牆
- 分享網上示威資訊
- 網上支持示威者
- 簽署網上聯署
- 罷工／罷課／罷市
- 遊行／集會／人鏈
- 拍攝紀錄

問及是什麼原因驅使D出來參與行動，他表示自己曾經驗雨傘運動，但當中眼見太多與自己預期的不同感到灰心，之後一直都是以「港豬」心態生活。直到今年6月9日，送中條例出爐，本來沒打算去遊行，但恰巧當日自己的私人活動取消了，衣著又是白色，再加上一名警二代的中學同學邀請，而且自己感覺有送中條例會損害自身及社會利益，最後決定去遊行。途中目睹每節車廂都是滿滿的白衣示威者，有一種莫名的歸屬感及感動！然後透過新聞得知六一二事件，當時辦公室瀰漫深重的氣氛，連公司高層都表示當晚會上街！「可能是惻隱之心，我都有種馬上去到現場的衝動！最後我由港豬進化到參與社運的其

中一名市民。直到現在。」

對運動的觀點

D認為，這種運動爆發的源頭，是日積月累的政府無能、中共逼害及惡性侵略，而送中條例只是觸發點；他認為香港的問題是，社會一直都是以金錢至上為發展藍圖，對於政治就處之泰然，所以香港社會最大問題是政治及社會參與程度。

談及他尤其深刻的運動細節，D表示：「由雨革開始，參與社會的市民一直被大眾稱為年輕人。但今次的確好多不同階層年齡人士參與，上至『星球』醫生，下至小學生。我最深刻印象是其中有一次我當時以糾察身分參與集會，觀察到不少銀髮族參與，甚至有部分懂得上連登。」自此，D開始留意其他年輕人以外的團體行動，例如銀髮族大遊行和各行各業的聯署和集會。「可能我之前沒有留意，但我發現香港人很久沒有這麼齊心，同時令我開始有歸屬感及使命感，更有行動力，其他香港人努力不放棄，我不能什麼都不做。」

在訪問的當下，運動已經持續數日，但D卻認為運動持續不會太久，因為現在已經白熱化，不論國際線的人權方案或香港的社運，只要持續下去，就會勝利。不過他同時表示，拖延太久市民會失去耐性和熱情，最終只會不了了之。但就算不幸地以失敗告終，今時今日所作所為，已經為將來的社運行前很多步。

D對這場運動又有什麼期望呢？「最終目的是雙普選。我不是什麼偉人，只能盡做，始終有牽掛。捐錢，落區，為集會遊行出一分，但一談論到激進行動，就會卻步。」除了雙普選外，D認為市民最期待是解散警隊，使他們得到應得的懲罰和刑責。「仇警日益嚴重，市民不會原諒亦不會忘記。」討論到雙方是否可能在某程度上談判或退讓，D卻認為市民沒有退讓的地步：「由始至終，市民訴求沒有退讓的意願，退讓只是軟弱政府的奸計，永遠退讓是政府提

出，因為他無計可施。」

他認為社會上的衝突可分為兩類：藍絲和黑警。「近日有藍絲被水炮擊中
『變黃』，而有部分是無知和愚蠢，只要經過體驗黑警暴行和認清社會，相信
藍絲會變黃或減少。至於黑警方面，解散警隊和入獄是唯一方法，因為他們已
喪失做人的資格。我相信大部市民已對政府完全失信，重組及普選是最簡單方
法。」

在D眼中，這場運動令打破了香港人的舒適圈。他形容以前的香港人「太
乖太善良」，而經過這一役，香港人學懂了抗爭及爭取自己應得的權利；同時
香港亦有輸出革命的作用，不過他補充「當然比起很多地方，仍然有很多地方
可以進步。」他認為這次事件，用「革命」應該是最恰當的形容。「這一次市
民有很多第一次而且每一次都有改變，每一次都迎難而上，完完全全轉換了香
港示威以往的模式。所以不只是社運這麼簡單，更不可能是暴動。」

對未來的看法

「香港的核心價值從來不是民主，因為從來都沒有嚐過民主的鮮甜。」D
覺得，經濟絕對是香港的核心價值。「經濟好並不是背靠中國，而是香港得天
獨厚與生俱來難以複製的優勢，除了美金兌港元掛勾外，還有全世界都對香港
有信心，可以說是名牌效應。如果加上民主和社會和諧安定，一定會更繁華盛
世。」他預料，將來不論勝利與否，市民的抗爭方式會更激進和直接，除此之
外，還會顧及各戰線不同方向進化文宣抗爭，切切實實體驗「兄弟爬山、各自
修行」，他形容就如人工智能機械學習一樣，相信到時的社運會多樣化。

對於香港未來，D的回答仍然帶著一絲樂觀，認為香港經歷這一役時，國
際沒有放棄過香港，而香港也沒有從這場運動中失去經濟優勢，「因為如果被
放棄、撤資，一早發生了，所以國際都看重香港，不願隨便離去，現在只是觀
望態度，因為很多可能性發生。」他認為香港在國際地位及金融中心的位置難

以動搖，未來依然如此。至於社會方面，他相信現在很多人都更關注政治和社會，市民在社會參與程度提升，對整個香港都有好處，更多不同多方向的意見和思想可以令市民反思其中，「令那些沒有實力的人更可笑，特別是立法會中的冗員。」

對這個社會事件的理解

作為整個運動堅實的參與者，D明顯對香港甚至北京政府極度不滿及不信任。對於本次反修例運動矛頭直指兩地政府。他認為運動爆發的主因是港府長期的無能和北京對香港的干預，並視後者為迫害及侵略，而反送中只是壓在駱駝上的最後一根稻草。同時，一方面他對不少港人以物質為上而忽略公義平等的思維感到失望，但另一方面對其他不同階層人士的參與亦感到鼓舞。在這運動之前，可能是因為雨傘運動的經驗，他原本認為有錢人會傾向支持送中，所以當看到不少富有的社會精英也參與反送中，便留下十分深刻的印象，亦加強了他對運動的信心。訪問中感受到他對運動的熱情，亦注意到他對前景的不安和缺乏信心。長期反抗的意識也非常明顯，儘管現今他仍然對激進行動有所卻步。

和其他支持運動者一樣，他十分堅持五大訴求，尤其是雙普選和對付警隊濫權。兩點在其眼中是無可退讓的。前者關乎他對整體社會的憧憬，而後者是他對於警暴的批判。他認為雙普選能改變日後抗爭運動的方向，因為市民能透過投票充分表達民意，所以沒有人需要冒險上街激烈抗爭。換句話說，沒有普選，會令社運行動變得惡劣，造成社會更大的分化。長遠來說，雙普選除了可以更徹底地反映民主外，更重要的是能擺脫中共的操控，有了公投表決，自然很多決策更能自主自立，變相擁有真正高度自治權，真正港人治港。對於今天中共指派的特區傀儡政府，他並不認為會為香港人做事，只會執行中央排下來的任務；只有普選才能讓特區政府聆聽香港人的訴求，把香港人的福祉放在第

一位，而非只是北京的附庸。

　　這數個月來受訪者從自身和同伴的親身經歷，以及從不同的媒體直播，讓他十分痛恨香港警察的暴力和濫權。若警隊沒有作出重大改變，相信年輕人對他們的恨意和不信任短中期內也不會改善。他認為重組警隊是必須的，而從近月來的經驗就算警隊沒有執行其治安職務，香港的安全也似乎沒有太大影響。所以短期內成立民間自衛隊已經可以暫時維持治安。長遠而言警隊的問題在於缺乏有效監督，因為現行的投訴機制不是沒有阻嚇力便是受到當權者的縱容。雖然獨立調查委員會能夠針對這場運動警方的無理舉措並追究責任，但不能長遠地改變現今警隊的歪風。所以徹底改變警隊風氣及其制度才是長治久安的方法。

筆者這個社會事件的理解

　　反修例運動由3月開始萌芽，於6月9日開始有大量市民參加，在6月12日警察首次大規模以過度武力驅散人群，並稱和平集會為暴動。自此以後警民暴力事件不斷升級，社會動盪不能平息。歸根究底，可歸納為近中遠三種因素。可是政府對各種起因不是一無所知便是置之不理，最後再加上警隊以敵視態度對市民行使無理的暴力和濫用職權，才會令這次反修例運動遍地開花越演越烈。多月來政府躲在警隊的保護傘後面，態度似乎只想解決提出問題的人，而非解決問題本身。一日政府不修正態度，一日運動也不可能平息。儘管政府有可能把火頭壓下，但火種猶在，很輕易又可以燎原，一次比一次猛烈，沒完沒了。

　　近因明顯有二——政府推出《逃犯條例》修訂的過程，以及警隊無理的濫權暴力。

　　今年2月林鄭月娥首次提出《逃犯條例》修訂，表示修訂目的是修補時塞漏洞避免香港成為逃犯天堂，並以一年前陳同佳臺灣謀殺案為推動的主因。這種說法得不到社會上絕大部分的信任，原因有五：

一、該謀殺案在去年發生，臺灣一直提出司法協助要求，而港府卻不聞不問。

二、林鄭月娥刻意把中國大陸包括在《逃犯條例》修訂之內，儘管殺人案與大陸無關。

三、民間無論建制泛民派別都提出過不同修定，例如「域外法權」「港人港審」「日落條款」等，但林鄭月娥視若無睹。

四、政府一直自詡香港為「亞洲最安全城市」而沾沾自喜，突然為修例自貶為逃犯天堂。

五、修例對絕大部分香港人沒有好處，卻要面對大陸三權合作司法的恐懼。

基於以上原因，社會並不相信林鄭月娥推動修例是真誠為了香港的福祉。有人認為是林鄭自己向中央獻媚的舉動，亦有人認為是受北京指使，用《逃犯條例》修訂威懾居於香港的外國人，以報復外國扣押中共權貴如孟晚舟之流。無論基於哪種猜測，社會反對修例和不信任政府的民意一直非常清晰堅定，並橫跨社會各階層。然而林鄭月娥卻傲慢地認為反對者不是別有用心便是不瞭解法律條文，甚或有外國勢力的參與。這種目中無人而離地的態度觸怒了大部分香港人，加強了他們對政府的不滿和不信任。終於在立法會二讀之前的週末（6月9日）爆發了百萬人和平大遊行。

6月9日百萬大遊行和平結束後，林鄭月娥仍然拒絕讓步，更立即宣布繼續於12日恢復二讀。此等漠視民意蠻橫無理的行徑徹底觸怒了市民，結果導致在立法會門外與警隊的暴力衝突。激進示威者向警察擲磚和衝擊警方防線，本來在這種情況下警察使用武力抵抗也是無可厚非；可是當日警察在光天化日下毆打已被制服的示威者，並向衝突場外的合法和平示威者發射海綿彈和催淚彈，更射中並嚴重損害一名無辜市民的視力，以及在中信大廈門外瘋狂地向人群中央發射催淚彈，幾乎重演2000年蘭桂坊人踩人慘劇。警方的行為被普羅大眾視為圍剿攻擊而非驅散示威者。當天晚上警務處長盧偉聰更稱當日示威為暴動，儘管只有一小撮人在極少地方使用不太嚴重的武力。此舉令到當場數萬人受到十年刑罰的威嚇，社會開始譴責警方濫權和暴力，並於16日發起200萬人遊行。

自此示威者和警察的衝突不斷，行動亦不斷升級。市民對警察的不滿亦隨著其武力升級而日益增加。其中最大的轉捩點是七二一白衣人無差別打人事件，以及八三一速龍在太子站無差別打人事件。兩件事件讓大部分市民對警隊的信任降至零。而其他嚴重警察暴力行為，如射爆眼球、實彈射擊示威者、於民居發射催淚彈、以及傳聞中的新屋嶺強姦私刑被捕人士，更讓不少人產生仇視警隊的念頭。示威者對警隊的不滿，可以從其口號變化看出。由最初六一二後的「獨立調查（警暴）」，8月初「黑警還眼」，八三一後「黑警死全家」，到近來更直接的「解散警隊」。示威者也改編了歌曲來嘲諷警隊。自八三一後在各項民調中近半市民給予警隊零分。亦有網民記錄「香港警察濫權實錄資料庫」，當中收錄的六一二後濫權個案今天已經超過590個。

　　對政府和警隊不滿和不信任成為今次反修例運動中的近因。兩者直接導致過百萬人上街遊行示威，而市民訴求包括特首下臺以及成立獨立調查委員會正是針對這兩點而設。

　　中期原因離不開雨傘運動的失敗，以及政府日後如何處理傘後的人事。傘後一直不斷受打壓而未能疏導的民怨，以及當年政府勝利而帶來的盲目自信，成為了這次反修例運動的燃料。

　　2014年梁振英政府冷處理示威者長期堵路，並使用人民鬥人民的策略，在支持及反對堅持真普選相近的民意下，成功讓較中立的市民對示威者多日堵路的行徑日感不滿。再加上泛民本土之爭導致示威者內部分裂，結果警隊最後成功在兩個多月後不流血地清場。可是運動結束後政府採取強力打壓的政策，高調把各派運動領袖判處重刑，後來在人大釋法下DQ多名反建制的民選立法局議員。在當時的社會環境氣氛下，多數市民在無可奈何之下只能敢怒不敢言。

　　林鄭月娥政府上場後採取相近的方針，繼續打壓市民對公義和民主的追求。在議會裡建制派壓倒性優勢的護航下，政府順利通過多項親北京但不受多數市民歡迎的政策和法律，如一地兩檢、東北發展、明日大嶼等等。政府推行政策的策略只是在立會數夠票，而非爭取市民支持。與此同時，民怨不斷沉默地堆積，然而林鄭卻似乎對此一無所知。在錯誤的自信下，林鄭推行《逃犯條

例》修訂實在是壓倒駱駝最後一根稻草。

在運動初期，政府採取了對付雨傘的策略冷處理事件。可是示威者不但掌握了昨日抗爭的手段，更吸取了失敗的教訓，採取be water策略，快速流動游擊佔領，並往往能針對政權，再加上出類拔萃的文宣武功，儘管為市民帶來不便但民意卻長期沒有逆轉。相對示威者的進化，政府卻一貫故步自封。政府的不作為反而被支持及反對政府的市民視之為懦弱和陰謀。例如6-8月官員除了譴責示威者外卻沒有採取任何實際的行動；七一警察故意讓示威者攻入立法會；七二一警察刻意失蹤任由黑幫毆打市民。這等行徑讓全港市民對政權越感不滿，對其評為零分的比例高達五至六成！五年前的冷處理手法今天卻被視為無能不作為。昨日的成功反而成為今天的失敗之源。此乃運動曠日持久的中期原因。

然而整個運動，包括上次的雨傘，港人對中共政權各方面的不信任才是最根本的遠因。中共緊抓政權而不肯下放地方權力，以由上而下的方式推行對港政策，往往忽視了本土民情，加深了港人對民主的追求。尤其是中共委派的特首官員、以及其意屬的建制派議員，其民意授權非常薄弱，並因制度關係，對普羅大眾的訴求不屑一顧亦無損地位。這種半委任的制度不用向大部分市民問責，只需向中央邀功便可，造成了各種向中共傾斜的政策，而其他門面上相貌似惠民的措施，往往也只是自欺欺人、自我感覺良好。市民收不收貨沒關係只要做好場show就可以了。所以這次反送中五大訴求裡的雙普選，和雨傘運動爭取的真普選互相呼應，正是針對這個問責制度的缺憾，要跟中共爭取地方上的實質治權。

其次就是港人普遍對中共的法治制度沒有信心。儘管習近平近年內高舉以法治國，可是中共的人治味道，一切以黨為先，黨大於民等的印象深刻在港人的心，這亦包括了很多建制內人士的心思。反修例運動稱為「反送中」，正是反映了普羅大眾對中國的法治沒有信心，恐懼中共用《逃犯條例》為名，以莫須有罪名把港人捉回內地。這也難怪，近年的銅鑼灣書店事件、內地維權律師大抓捕、新疆集中營人權事件等，讓人恐懼也是非常合理的反應。儘管高舉法

治旗幟，但每逢事件關乎官員黨員，便動輒以國家安全為由把異見者冠上如尋釁滋事、盜竊國家機密、擾亂社會秩序等無所稽考之罪，輕者剝奪權利，重者受虐囚禁，甚至被自殺。

綜觀整場反修例運動的近中遠期因素實在有跡可尋。近因乃林鄭政府以傲慢自負態度一意孤行地推行修例，以及警隊無後果地濫捕濫暴，直接激起市民的憤怒以及國外各地的關注。中期原因正是從雨傘運動積聚下來的民怨從來沒有疏導，反而一直沉默地增強，直至修例事件的導火線引爆。長期因素是在兩地不信任的情況下一國兩制非常困難，尤其在高壓政策下勉強要把兩地市民融合起來實是不可能任務。

這場運動可以說是香港數十年來影響最大的社會運動。不但參與人數眾多，而其維持時間與力度也前所未見。最明顯受影響的是本港的經濟活動帶受亂局半癱瘓，部分店鋪和公共設施被破壞，數以千計受傷，政府管治威信歸零，警隊名譽掃地，嚴重的社會撕裂更是無法修補。這種官民對抗將會長期持續，就算這場運動能夠平息，難保數年後一個小小的火頭在民間的怨氣和抗爭意識甚至手段下，也能輕易挑起社會亂局。就算政府想修補人民的信任也不是一朝一夕能做到，要失去倒只是彈指間之事。

上述的影響是負面的，但中性甚至正面的也有不少。首先香港人的接受能力與眼光擴闊了，五年前戴耀廷提出的公民抗命當時看似大逆不道，接受的人不太多；現在即使警方發出反對通知書的遊行集會，也有大批和理非的市民冒著違法的危險上街抗爭。市民似乎已不再著重於狹窄的遵守法律意識，而是要看其法有沒有道理。其次市民對「香港人」這身分認同增強了，而自稱中國人的比例相對減少，這與近年的中港矛盾也有相當關係，尤其內地官媒於這次運動的評價相當偏頗負面，更讓雙方民眾越趨分離。儘管社會上示威或撐警的市民撕裂更嚴重，但在群體內的凝聚力卻有所增強。例如在示威者內部提倡的不指責不割席不篤灰，儘管有部分人不同意同路人的行為也未會劃清界線；又例如撐警者明知是假圖假新聞也照傳不誤，還振振有詞地說達到效果便成。對警察超越界線的暴行，例如向非武裝示威者開槍，也照撐不礙。最後這場活動

激起了尤其是年青人的創意、目標、毅力，和行動力。儘管近年在香港社會上年青人被標籤為無所事事漫無目的的「廢青」，今天他們在文宣的藝術天份正嘲笑著香港這個文化沙漠；他們對非物質的五大訴求堅持，為不少以「四仔」（屋仔、車仔、老婆仔，和囝囝）的物慾文化的上代港人汗顏。他們針對警察行動快速作出應對，如早期的唱聖詩、到中期的快閃、人鏈等，既有效，又快捷。這與港人的「執生」傳統文化倒有點相似。

　　總括而筆者對前景並不樂觀，由6月16號200萬名市民提出五大訴求，而林鄭月娥斷然拒絕寸步不讓，便可看出政府無視自身施政失誤和警隊濫暴濫捕。此態度一直是鐵板一塊，更獲得北京政府首肯。再加上撐警暴徒肆意攻擊示威者而警察無視其暴行，導致示威者相應的暴力也逐步升級。政府毫無意願解決問題，只是不斷譴責示威者的暴力，可見政府只想解決提出問題的市民。再者北京政府已經下注力撐港府港警，與本地群眾意願背道而馳，雙方沒有退讓的空間，流血鎮壓似乎不可避免，只是時間問題。然而如此強壓，在資訊流通的情況下，民心一失，起碼兩代人也不會回心轉意。就算此事可以平息，將來星星之火可以燎原，一波未平一波又起。就像當年雨傘運動強行壓下，導致今日十倍猛烈的反修例運動。下一次又會如何呢？民心不歸，處事不公，否定科學民調，誤判民情，就算再「派糖」，硬推「國民教育」也無補於事。人民的眼睛是雪亮的。除非任何一方作出巨大讓步，否則此事不能逆轉。

　　北京和香港政府自2012年開始已加強高壓政策，結果卻是人心向背、越壓越亂、港人分裂。這種方式或許能短期內讓政府取得主導，但埋下的民憤遲早爆發，對香港以致內地中長期也要承受沉重的苦果。人民若水，水能載舟、亦能覆舟。滔滔洪水，只能疏導，不能堵塞。願當權者能以鯀為鑑，行大禹之業，只需引導讓水找到自然的方向。

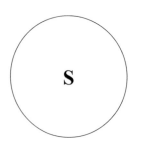

S

自由是香港最重要的核心價值

　　受訪的S是一位年約三十歲的公務員。他從雨傘革命時已開始參與反對政府施政的運動。由這次從6月開始發生的反政府運動以來，S仍然非常活躍，從和平示威、物資傳送、前線防衛、連儂牆和網上聯署等，他全部都有參與；此外，他也積極影響身邊的家人和朋友，共同採取行動。

　　在他看來，這次運動是集合天時地利人和、千載難逢的機會，可能最終能影響中共、甚至令中共重整或倒台，因爲運動受到全球的關注，許多國家亦聯合起來圍堵中共。過去雨傘革命的失敗曾令他感到失落，現在他覺得出現了難得的機會，因此我們的談話內容非常輕鬆，我亦感到他懷有一絲希望。

運動的前因

　　S認爲，社會目前狀況正處於運動和暴動中間——暴動的意思即代表人民不受控制，雖然現在的暴力事件升級，但他並不認同目前暴力情況不受控制，因爲受到襲擊的都是特定對象或具有某些原因；而且他認爲目前的暴力水平與

外國相比仍是小巫見大巫。他也不認為這場運動屬於革命，因為革命的定義一般指推翻政府，雖然他認同部分人士有此想法，但仍屬少數。

談及運動的前因後果，S認為香港選舉制度的腐敗是當中主因，某些很多人支持的立法會議員或區議員都被取消參選資格（DQ），使香港人不再相信立法會的功能；就算能成功進入立法會的泛民主派議員，S亦認為他們並不十分可靠，因為他們多年來反對政府的行動成效均不高，而在運動初期，泛民主派曾表示不認同示威者任何暴力行為。不過他亦認為泛民主派現已有所改變，沒有再反對示威者以暴力方法來爭取訴求。他指出，曾有200萬人上街遊行，人數已差不多相等於所有能上街抗議的人數，但仍然沒有成效，所以他認為沒有暴力的反抗行動並沒有用處，倘若此運動由始至終都沒有行使暴力，也許運動早已完結告終。

同時，他認為年輕人無法在社會向上游、以及土地問題，也是導致運動發生的另一原因，但他並不覺得這是引起運動的主因。他表示，雖然已畢業十年，但新入職的同事工資仍與自己當年的工資相近，樓價卻已上升許多。近年林鄭的施政報告雖然都有提及土地問題，但這些年輕人的訴求長久沒有被聆聽，造成部分年輕人的行為變得很極端。有「就算斷送性命也沒有關係」的想法。

他提出另一較近期的原因是雨傘運動，表示若同樣的運動在五年前發生，應該沒有人會站出來反抗。雨傘運動雖然並沒有成功，但卻喚醒了人民的觸覺，令他們準備好隨時要反抗的心態。而近因的導火線則是林鄭月娥的施政太過強硬，當中或有中央干預的緣故，但林鄭撤回條例的速度太慢。他認為若條例在100萬人上街遊行後便被撤回，若林鄭月娥當初真正與市民對話，也許就不會發展成今天的局面。

運動能持續的原因

至於運動能持續下去的原因，S認為主要因林鄭月娥放任警暴的問題，他舉例說很多人的焦點都集中於警察使用的武力，使現在已有越來越多街坊走上街頭，很多人認為警隊需要解散或重組，參與運動的已非只有年輕人。當S被問到為何有警暴出現，他認為由當初警隊不需配戴委任證開始，由於沒有人能認出他們的身分，才能令警暴的問題長時間持續。

他表示，倘若政府能在運動早期階段，承諾成立獨立調查委員會，可能有1/3的人士已可接受，現在就算成立亦已經太遲，因為很多人覺得獨立調查委員會並不中立，例如當年鉛水事件的報告也並不可靠，令事件最後不了了之。隨著警暴事情的發展，他觀察到越來越多示威者和市民能接受到示威者用較為暴力的方法來爭取訴求。他舉例說，6月份時大部分人仍想用非暴力為抗爭手段，當街上有些人高叫「黑警死全家」，大部分人不會跟隨附和，但時移世易，現在很多人漸漸已能接受。

加上反送中的條例與市民關係密切，這設身處地的情況使一些原本最和平的市民也開始感到恐懼，當100萬以至兩百萬人的示威也無法動搖政府，S形容市民終於醒覺了。

難忘經歷

談到在運動中最難忘的經歷，S回憶，有好幾次當他全副武裝時遭到警方的圍捕，其後他減少攜帶裝備，因具重量的面罩和其他裝備不但令他走動受限，也使他感到暈眩。再者，警方不斷搜查示威者的裝備，包括在隧道及巴士上搜查乘客，裝備越多也越不安全。因此受訪者現在行動時，一般只帶備簡單眼罩、面罩和輕便替換衣物，遭到圍捕時便立刻把所有裝備丟棄。他選擇單獨行動，因一個人逃走較容易，但目前也亦變得越來越困難，因地鐵隨時會關閉

停駛，而一間受訪者曾多次留宿以逃避警方的酒店，已多次遭到搜查，也不再安全。

S並不希望自己被拘捕，因他認為此次運動將會維持多年，他希望能繼續進行抗爭。他亦已作最壞打算，一旦被拘捕後，可能會失去工作，而失去工作在他心目中可等同死亡；若此情況發生，他便可豁出性命去復仇，或會變得更加暴力。

對運動的期盼與前瞻

那有什麼訴求是最重要需要達到的？對於這個問題，S表示就他而言，最重要是釋放被捕人士，因為這些人只是為了反映意見，為了香港和香港人的將來著想；若這些被捕人士全被判監禁十多年的暴動罪，刑責實屬太重。他舉例，根據過往案例，赦免被捕人士是有可能的。不過被問到這是否大多數人認為最重要的訴求時，他隨即表示除了前線的示威者外，大部分人應沒有這種想法，因多數人的最大訴求應是解散警隊，至於雙普選等訴求，除非共產黨倒台、或香港成功獨立，否則要達成實在太困難。而香港獨立這概念，對於絕大部分人來說仍難以接受。

對於將來，S認為市民與警察關係的撕裂是無法修補的，就算警隊經過重整重建，這一代人永遠也會憎恨警察。至於與政府的關係，他認為一個並非在八三一框架下的真普選，其實已能幫助政府修補撕裂。

此外，S亦提出了其他改善社會問題的方法，包括減少每日150個名額的來港單程證，因為他認為這是一個長久以來引起中港矛盾的原因。在很多人眼中，這150個來港者就是與香港人爭奪資源的人；若能減少名額，或篩選較高質素的人士來港，避免一到港便取得資源，或能舒緩許多深層次的矛盾。

總括而言，S對於本次運動懷有希望，亦看到運動對香港帶來好處，例如市民的政治觸覺加強，亦能站起來反抗不公的事；少了到訪香港的大陸人，也

令許多居港的新移民考慮回歸大陸，這在某程度上亦正在解決許多中港的深層次矛盾。另外，S表示在這裡運動當中，香港人與一些少數族裔開始建立了聯繫，包括與南亞裔人士的關係更密切。

被問到香港有何核心價值需要維持時，他表示自由是最重要的核心價值，因為若談及民主，香港的民主制度一直以來也存在缺陷，但自由卻是香港人多年來一直所擁有的，包括言論自由。可惜的是近來言論自由已在漸漸喪失，例如教師若想發表政治立場，也需深思熟慮；又例如國泰航空的事件，員工只要表示支持示威者的立場，便會失去工作；相反，若市民發表支持政府的言論，便不會有事。受訪者認為，這也是示威者針對某些中資公司的原因，因這些中資公司扼殺了言論自由，他形容這些屬於對香港的「軟入侵」。

在S看來，這場運動看不到有任何越來越和平的機會，因若示威者仍維持和平，便可全數被警察拘捕。而且在經過200萬人的和平遊行之後，也不會再有人相信和平的手段能成功爭取任何訴求。最理想的情況是如新加坡般成功獨立，雖然缺乏軍隊而獨立是相當困難，但S認為軍隊是可以透過培養或聘請而組織建立。他表示另一個較小的可能性，是中國出現真正的民主。他指出當年英國和中國簽訂協議時，其實是期望中國會變得越來越民主，當五十年後中國的民主制度進步得與香港相若時，兩地便能融合。不過他亦表示，除非有突發的變數，否則中國走得越來越像北韓，非但沒有進步，民主反而更倒退，因此他認為這情況發生的可能性較低。S表示，他的港獨的想法源自魚蛋革命，當時一些立法會候選人被取消資格，他自此發現香港的政制存在缺陷，而共產黨也不可信。當一個良好的民主制度不可能被中央允許時，便唯有走向香港獨立。

筆者如何理解目前的社會事件

在這次訪問後，我自己也開始反思，並感到十分可惜，因為我記得當年北京舉辦奧運時，香港人擁有與中國聯繫的強烈感覺，亦對自己身為中國人感到

自豪。在九七回歸時，不少香港人認為香港可以跟著中國而富強起來，當中當然仍有少數人感到擔憂，也有人選擇移民，但其實大部分香港人也對自己中國人的身分十分認同。

其中的轉變漸漸出現在過去的五到十年，我們看到市民的聲音並沒有被政府聆聽，我們沒有辦法選擇一個喜歡的行政長官，而區議會和立法會也充滿舞弊，種票的事情時有所聞，政黨以蛇齋餅糉的方式換取選票的情況普遍；立法會儘管有能代替我們發表意見的議員成功進入，但他們也成為了當中的少數，甚至部分議員被以言入罪地取消議員資格（DQ），這使大部分香港人的聲音都沒有被聽取，民怨也因而累積。

例如每日150名來港的單程證名額，早已有聲音表示這對香港的公屋和醫療制度構成沉重壓力，需要再行討論；又例如近年的基建出現不少問題等。市民的擔憂並沒有途徑表達。

直到今次反送中的《逃犯條例》事件，香港人原本仍一如既往地用和平的手法表達訴求，所以才有100萬人、200萬人遊行的情況出現，但卻不見成效，因此部分示威者便開始選擇用暴力的方式來表達訴求。我亦深信正如受訪者所講，若在100萬人遊行時政府便已撤回條例，今次的運動或許早已完結。就算在200萬人上街遊行後，政府表示暫緩條例而沒有其他事件發生的話，運動也可能早就沒有能量維持下去。

此外，警隊的問題令很多市民感到憂心。即使很多時警察被拍攝到濫用武力、濫用催淚彈和實彈的情況，以及拘捕示威者，警方亦從來沒有表示過會對這些問題加以深入調查，也並沒有表示過分武力屬於不當行為；反之，他們所有的行為都受到包庇，即使行為更暴力也是對的，這令示威者唯有將行動延續下去。其實只要雙方的其中一方的暴力升級，而另一方延續運動，不難想像另一方的暴力亦會隨之升級。

因此我也同意S所言，不久的將來，我看不見這些運動會透過林鄭月娥所說的「暴力遏止」便會停止，我也看不到有任何方法必定能令運動結束。不過，我認為成立獨立調查委員會監察或調查警方，相信至少會有一定數目的市

民能感到安心；而由於獨立調查委員會工作需時，或能給予香港喘息的時間。但調查委員會的成立若再拖延下去，便可能就如受訪者所說，已是太遲。

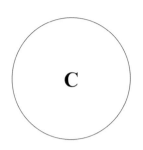

在風眼中保持希望
——一個教師眼中的反修例運動

引言

　　2019年香港經歷了一個火辣辣的夏天。火辣辣的，不單是灼人的烈陽，滾燙的高溫，還有瀰漫在街上嗆鼻燒喉的胡椒噴霧、催淚煙，火光熊熊的燃燒彈，心中滾動的怒火、熱情。自6月開始的反修例／送中事件，影響了全香港人，驅使了起碼四分之一的香港人上街（包括不同立場），震盪遍及社會各階層。教師以往一直被認為是較保守的一群，二十年前，評論者曾這樣形容香港的教師：「在香港，教師的保守傾向也許更明顯。與其他結構穩定的社會比較，香港沒有一個屬行正面干預教育的政治或宗教勢力。在『自主』的情況下，教師會主動靠攏保守的主流，務求做到比保守更保守，使自己的社會地位更清晰、穩固。」（蔡寶瓊，1987）[1]，但在這次運動中，不少教師上街，甚至走到最前線，參與抗爭。[2] 社會上有人批評教師教壞學生，是事件的罪魁禍

---

[1]　蔡寶瓊，1987，〈教師為何「老土」〉，《教育社會學觀察》，香港，廣角鏡出版社。
[2]　6月12日的衝突中，一名拔萃女書院通識科男教師右眼中槍，被警方以暴動罪拘捕。

首[3]，教師被捲進了這次政治漩渦中，並且被認爲是站在保守勢力的對面。究竟是什麼令教師有這麼大的轉變？教師在這次運動中扮演著什麼角色？他們對運動，對香港的現在與將來有什麼看法？爲多了解上述幾點，筆者採訪了年青教師C，希望可以多瞭解年青一代的看法。

訪談風眼中的教師

C是一位三十出頭的年青中學男教師，出身基層家庭，擁有大學學士和碩士學位，在現任學校已任教多年，職位和收入穩定，現租住私人樓宇。C對這場運動是支持的，他自4月底已開始關注事件，到了6月，事態升溫，他開始參與遊行、集會、分享網上示威資訊，也曾在現場捐款和簽署網上聯署（但未必每一個聯署都簽署，會考慮聯署的議題和可行性）。他自言是「和理非」，一直關心社會事件。政府長期以來一直不接納民意，市民在制度上或議會中都受到不公平對待，而這次「反修例」事件中更帶出很多不公義的事，使他覺得不能不站出來，即使不能做到什麼也唯有「盡做」。

有人說這次運動是一場暴動，也有人說是一場革命，C認爲這是個不易說清的問題。正如「時代革命」是什麼意思，不同角度會有不同答案，建制力量指責是「港獨」，抗爭者聲稱是改革積弊創出新天的意思，但即使是「同路人」，也有不同目標、不同路線的解讀，要清楚區分運動、暴動和革命三者不容易。C認爲更重要的是背後的論述。C反對「暴動」的標籤，重點是當權者以備受爭議的法律條例打壓抗爭的行動和意識，以法律包裝政治，卻誘過市民破壞法治，本質上是「暴政」；抗爭者的運動／革命本來一直走和平路線，後來不斷被當權者以暴力壓逼，如今的運動雖然也有暴力的成分，但顯然是不對

---

[3] 人民日報海外版於8月28日發表評論員文章〈這樣的香港老師，太毀師德了〉，批評有香港教師，向學生，植入激進政治立場，煽惑學生拋棄學業和前途，甚至揚言罷課。

等、不同質的。

運動爆發的原因

　　C認為運動爆發的原因有很多，遠因可追溯至長期的中港矛盾、香港的政治不平等與貧富懸殊、中國氣焰越來越盛的「銳實力」等，但更重要的是如前所述，政府長期的不接納民意，市民沒機會發聲，意見被漠視，民意被打壓，早使市民不滿。近幾年來，一連串事件的發生，如銅鑼灣書店事件、鉛水事件、議員被取消資格（DQ）事件等，使市民覺得恐懼、疑惑、不安、憤怒，種種事情，積累了大量民怨，所以到了4月傳出修訂《逃犯條例》（「送中」條例）便成為觸發點。市民由恐懼開始，擔心受到不公平對待，於是群起反對，這些情緒結合了前述不公義的感覺、五年前雨傘運動的經歷，終於爆發為這次持續幾個月的大型抗爭運動。

在運動中的角色──街上和校內

　　除了個人上述的直接參與外，身為教師，他在運動中有另一角色，以另一種形式參與了運動。首先，除了個人的參與外，為了照顧和保護學生，在一些特別情況下，他會到現場找學生，即俗稱的到抗爭現場「執仔」（例如六一二當日）。更多的則是在由6月到現在的這段期間，在任教的學校內做學生工作。C任教的學校對運動態度持平，相信老師專業，不會打壓學生，但同事間很少公開談論，大家的共識是讓學生維持在安全的情況下表達意見。雖然自己有立場，但C會盡量持平，讓不同立場的學生多了解對方的著眼點和內心感受，因為學生各持立場便不容易明白對方想法，甚至持對抗態度，發生衝突。C任教的學校內會上街的學生不算很多，但不少學生一直支持運動；與此

同時，校內有不少新移民學生，他們多持親建制觀點，反對運動，於是雙方會各持己見。初時情況並不嚴重，但9月尾、10月開始，隨著事態發展，衝突較多，這時老師便要介入調停。C主要會和學生「傾」，分析情況，讓雙方明白對方的想法，並緩和學生的情緒。

經歷和感受

運動持續幾個月，C幾乎主要的遊行和集會都有參與，在開始時期的感覺是開心和感動的，特別是在經歷100萬、200萬人上街後，為香港人前所未有的團結而感動，覺得香港人再一次覺醒了，敢於站出來對抗不義，而且成功與國際連線，聲勢甚壯。但經過幾個月的抗爭，做了這麼多事，訴求仍沒有得到回應，興奮、開心漸漸變為憤怒和無奈，事態繼續發展至現在，似乎仍然看不到出路，動盪的形勢也不知道何時才會結束。不過，雖然不知道事件何時會平息，但C仍抱著知其不可為而為之的態度，盡自己的力，只希望一個偶然的轉折點出現，為事情帶來轉機，但這個轉折點會否出現，或何時會出現是未知數。

幾個月中，印象最深刻的是六一二那天（金鐘大型衝突）有學生被捕。那天消息傳來，有學生被捕了（那天3時後，示威者開始衝擊警方防線，警方發射催淚彈、橡膠子彈和布袋彈驅散示威者和清場）。他和同事趕到現場「執仔」，那是C最接近前線的一次，當時現場仍很混亂（當日混亂情況持續至11時後），消息滿天飛，但他仍盡力提醒自己要保持冷靜，自己不是「衝衝子」，不是要去衝，而是要去找學生，保護他們。可是他們與學生失去聯絡，心裡忐忑不安。及後，證實學生被捕，十分擔心。

問到他身為老師，經過這次／這類經驗後，覺得學生應否走到這麼前？C想了一想說，學生始終是社會的一分子，他們有權利和自由參與社會活動，前提是自主自發。至於有人說，學生不成熟，不應讓他們參與，甚至有些人說教

師有責任勸／阻止學生參與。C認為如學生考慮清楚的話，他們決定參與便參與，他們有自己的想法、做法，在這幾個月的運動中可以看到，許多學生的思考、組織、行動能力都非常成熟，絕非批評者想像般是被煽動或跟風。在老師方面來說，他們的身分很尷尬，因為學生其實很清楚老師的立場，但未必會接受，老師只能盡量分析，幫助他們明白情況和相關法律，提醒學生避免違法行為，並關注他們的情緒，因為學生有時會有困惑，但最親近的親友可能不會幫助他們。

對於有人責備教師和學校，認為有些教師的言論偏頗，特別是通識科提倡的批判、反思，變相鼓勵學生批評政府，參與社會運動。C自己並沒任教通識科，但他並不同意這種觀點，因為學校不會灌輸政治思想，只是鼓勵學生多了解時事，獨立思考，而且訓練批判思考能力有利平衡正反意見（甚至有人誤認為通識科試題要求平衡雙方意見鼓勵了學生假中立，沒有立場），所以學生參與社會運動，不應歸咎於課程、教師。

長遠來說，他覺得經過這次事件後，教育界面對的限制相信會更多，打壓會加強，政治上可能要作最壞打算，但教育界仍應堅持本份。現在的世界與以往不同了，面對壓力，教育界會以自己的方式找到對應之道，積極的教師會繼續參與社運活動，抵抗打壓的力量，並栽種獨立思考的種子，培育學生公民意識。學生方面，現在是互聯網時代，學生自己會接收不同渠道的資訊，學生對權威的想法與以往也不同，大家都會變化，與時並進。

運動的前景

修例事件已持續幾個月了，何時會結束呢？對於前景，C認為很難說會持續多久，發展至現階段（訪問時為10月19日），運動仍以遊行或其他更激烈的方式在持續進行，直接上街參與的人數可能少了，不過零星的抗爭不會停，以前很多人常說會有死線，例如「十·一」是終局之戰，但現在看來情況似乎不

是這樣，「十・一」已過去了，終局沒有出現，運動可能會發展成長期抗爭。再加上國際形勢也在變化，如美國國會的《香港人權與民主法案》的出現，中美貿易戰進退攻守，為形勢增加了變數，所以抗爭可能會延續至半年或以上，其實外國的相類運動也延續很久，如韓國朴槿惠瀆職事件便經過九個月，朴槿惠下台才告結束。

對運動的期望

C認為五大訴求是香港人的基本共識，特別是成立獨立調查委員會，更是大多人數人都認同的意見。不過如要實現五大訴求，有很多問題要解決，例如撤消所有對被捕者的控訴，就必須要有在法治社會裡可以接受的方案去處理，這件事在六一二時較易處理，因當時被捕的人數較少，情況較簡單，但發展至現在的CASE很多，性質也不同了（如出現縱火、「私了」之類的行為），所以很難一概而論能否全面撤消起訴或特赦被捕者。而且運動的訴求現在也有改變，例如解散警隊是近期提出的訴求，但如何實行，並不容易。彭定康在英國起碼「傾」出了一個方案[4]，所以C認為如要落實五大訴求，政府起碼要務實地提出一些兩方都可能接受的方案，大家才可開始商討，如沒方案，不經商討，只以警方武力或制度暴力解決問題，單方面要求市民「止暴制亂」，香港人無法接受。

個人方面，C最希望達到的是落實雙普選，但他知道這不易達到，而且社會上有很多問題，不是普選便可以解決，所以他希望運動有持續性，不單解決政制問題，同時也啟發社會共同思考其他問題。這方面，香港人要想清楚目標是什麼。想的不單是運動的目標，也包括個人願意作出多少犧牲來達到目的。

---

[4] 彭定康曾領導獨立委員會，深入研究北愛警民關係破裂的底因，於1999年發表報告，建議重組北愛警隊、成立獨立具實權的監警機構等。

這方面，對C來說，他覺得未見到實際會降臨在面前的挑戰，很難想像自己願意作多少犧牲，或犧牲什麼？工作、牢獄，還是名譽？現階段也難說。何況怎樣才算犧牲呢？C認為如果是自己自願的選擇，即使要付出代價，也不算犧牲了。

修補撕裂，重拾信心

當問到C認為應怎樣才能修補社會上的撕裂和重拾香港人對政府的信心時，C認為對現屆政府已沒可能有信任，因為香港人根本不知道這個政府在做什麼，她是一個自動運作機器，只聽北方命令，但事實上前線無人能夠操控，於是各個機件自把自為，互相破壞規矩，令人無法信任。至於社會上的「撕裂」，C覺得社會上，不同人有不同觀點、立場的狀況可能會維持一段時間。從好的方面看，這種狀況可以是一種動力，逼出改變，在正常的情況下，社會懂得如何調節，不必刻意修補。C覺得今次的事件，的確為香港社會帶來了很多改變，這可能是好事，因為香港人從未像現在這樣關心社會，大家對政治和社會的了解和關心都增加了。

核心價值

C覺得「核心價值」這類本質性的概念很容易令人混淆，講死了或易變成教條、偏見、排外，而空談理念也會被嘲離地，所以最主要是看這些核心價值如何形諸於外。民主、自由、法治是香港人所共同重視的，大家珍惜這些東西，擔心這些制度會崩潰，對這些價值的重視形塑了香港人的性格，願意為此化為實質行動的，無論是在制度內堅守，又或在制度外力爭的，就是核心價值。以往香港人的性格是反應性的，較為被動，但經過這次事件後，新的形勢

使香港人與以往不同了，為了大家重視的核心價值，大家的承擔多了，勇氣強了，建構社群的意識更清晰，體現出一種更投身社會的新的價值觀。

對未來的想像

當問到C覺得香港未來究竟會怎樣時，C想了一想回答說他心目中也沒有一個很清晰的圖像。短期來說，政治上可能要做最壞打算，未來幾年打壓一定會加強，政府會從各方面分化。但2047年距今有二十多年，在現在的形勢下，如超過五年、十年的前景很難想像，特別是目前國際形勢的變化很大，中國又有內部的變數，香港民間的變化更多，目前民間已動起來了，很快便會有很多事情發生，如區議會選舉快到了，一切都在進展中，變化可能很大。

面對不確定的前景，C身邊有人悲觀、氣憤，大家很容易有負面的想法，但C自己可能是性格關係，傾向樂觀，願意向好方面想。他覺得世界可能會有阻滯，未來甚至可能有更壞情況發生（如戰爭），但應該向好處想，最終仍會變好，就像數十年前，誰也不會想到黑人和女性能獲得社會公平的待遇，但現在大眾無論思維上還是行為上都已改變了，香港的政經環境可能會持續波動起落，箝制日增，但整體而言民情定會在民主、自由、友愛等價值上持續進步。這次事件，使香港以新姿態進入國際舞臺，受到世界各地關注，香港人也與以往不同了，所以他雖然會做最壞打算，但仍會用各種方法堅持本位，做好自己的工作，希望明天會更好。

C提出社會上曾有人指這場運動等同於六四，被瘋狂打壓後，香港人也許會變得麻木，只看經濟，或陸續被新法例與新移民洗牌，但C相信香港人應該能堅守得住，重點是「不遺忘」。只要人民不忘記，即使障礙重重，很多想法和可能性仍能在夾縫中自發生成，正如這幾個月來的眾籌登報、網絡文宣，成功連結到國際力量，這都是過往想像不到的。街上抗爭也許無法長期持續，但文學和電影的創作、粵語歌曲的奏唱、傳媒的挖掘和紀錄、海外華人的呼喚、

國際組織的連結，一定會遍地開花，當中或有起跌，但薪火不會熄滅。作為教師，除了貼身的情緒關注，可持續的是對「真相」的重視，這不是說要灌輸某一陣營、某一角度的「真相」，而是在這「後真相」的年代，教導學生如何fact-check、提醒學生提防和不要亂傳fake news，非常重要，只要懂得主動探問，相信下一代還是知道是非曲直在何方的，至於他們會如何響應社會運動，就看時代的變化了。

討論：教師／教育界的未來

　　透過以上訪談可以看到一個年青教師對反修例運動各方面的看法，受訪者說出了他參與運動的原因、經歷和感受，個人對運動的期望和對前景的看法，其中流露出各種的情緒，由不滿、恐懼到憤怒、擔憂，由開心、感動到失望、無奈……百感交集，而貫串其中的是受訪者對社會的責任感，對信念的堅持和承擔，和對教師專業的尊重。受訪的教師，不是蔡寶瓊所描述的「比保守更保守」的教師，反而隱隱然出現教育學者Giroux[5]口中的轉化型知識分子（transformative intellectuals）的面貌。Giroux在《教師是知識分子》（*Teachers as intellectuals: Toward a critical pedagogy of learning*）一書中認為教師應成為轉化型知識分子，他們對社會現況會有所反省和批判，而投入實際社會結構的改造行動（Giroux，1988）。C自言對未來保持樂觀，但從他的說話，帶出了經過這次運動，教育界將面對和須處理的一些問題。

　　三十年前，蔡寶瓊說過：「香港沒有一個屬行正面干預教育的政治或宗教勢力。」但現在，這個情況將成過去。近十年來，教育早已一再捲入政治漩渦中，2012年的反國教運動是其高峰。在反修例運動中，大量年輕面孔上街，根據香港中文大學傳播與民意調查中心的報告，6月至8月期間，有6%至15.6%參

---

[5]　Henry，A. Giroux，美籍法裔學者，批判教育學的代表人物。

與示威者年齡在19歲或以下。[6] 10月1日[7]和10月4日[8]先後有兩名中學生被警察實彈擊傷，更可見中學生在這次運動中走得有多前。不少建制派人士將這個情況歸咎於學校教育、通識教育的失敗。

十年前推動通識教育的前特首董建華和經民聯的立法會議員梁美芬先後批評通識教育造成現在年輕人的問題。另一前特首梁振英則批評教育局對在網上發表仇警言論的教師的譴責不夠嚴厲，和促請何傳耀中學的校長應立刻開除中槍的學生。9月8日，民建聯議員和警察家屬向保安、教育和公務員事務局局長提出多項訴求，包括強烈反對成立獨立調查委員會、要求教育局成立「監師會」和在課室設置錄影及錄音設備。種種情況都顯示，政府當局和建制派都希望未來在課程和學校層面加強限制。C預料到教育界面對的限制會更多，打壓會加強，政治上可能要作最壞打算。當壓力越來越大時，辦學團體、學校校董會以至教師個人能否頂著這種種的壓力，堅持忠於自己的信念，即使作出犧牲也在所不惜？C說，「如果是自己自願的選擇，即使要付出代價，也不算犧牲」。但為了堅持信念，大家願意去到幾盡？

教師在這次運動中的參與和社會其他各階層的不同之處是他們的現場不一定是在街頭，也在學校。以往教師被視為是建制的一部分，是傳統價值的維護者，但在這次運動中，不少教師以個人身分不同程度的投入了街頭抗爭。可是當回到學校，恢復教師身分時，他們要持平地讓持不同立場的學生瞭解對方的觀點，開放地討論，互相尊重。不少學生的情緒受影響，教師要予以輔導、支援，照顧他們的情緒。學生出事，教師要跑上街頭「執仔」，保護他們，提供協助。教學方面，Giroux認為教師的責任是協助學生成為變革的行動者與社會批判者，香港學生在這幾個月內已付諸行動，但這批早熟的行動者是否有足

---

[6] 香港中文大學傳播與民意調查中心反修例調查報告可見以下網頁：https://sites.google.com/view/antielabsurvey/content

[7] 10月1日，荃灣何傳耀中五學生在警民衝突中被警察實彈擊中，是反修例運動中首個被實彈擊中的示威者。

[8] 天主教喇沙會張振興伉儷書院14歲學生，在10月4日元朗衝突中被便衣警員開槍擊中大腿。

夠的知識和智慧將運動持續和深化？經過運動的歷煉，學生的經驗和想法不同了，以往的教學方式是否仍然適用？教師在運動中的多重角色使他們面對的任務要比其他行業複雜，這些都是香港教師未來面對的挑戰。

以往的校園是一個相對平靜的地方，教師、學生在學校內「享受渾圓的和平」（聞一多《靜夜》），但今天校園的四牆已阻隔不了外面的喧囂，現在的校園就如風暴的風眼，表面暫時安靜，四周風雷激盪，狂風隨時捲至，前途難料。C知道未來的路困阻重重，但他相信香港人在經歷運動後已醒覺起來，大家對自由、民主、法治、正義等核心價值的重視，已轉化為更有承擔的投身社會的新價值觀；這個火辣辣夏天的經歷已成為香港人的集體記憶，只要大家不遺忘，薪火相傳，記憶會成為力量，所以他選擇樂觀，將信心寄託在香港人身上。究竟今次運動何時會結束？香港的未來將會是怎樣的？在目前這一刻，沒有人知道，答案仍在風中，在此謹將以下一段話與大家分享，為本文作結，共勉。

> 因此，他們（教師）必須極力對抗學校內外的經濟、政治與社會不公平現象。同時，他們必須致力於創造一個環境，讓學生有機會成為具備知識的公民，並鼓勵其為擺脫失望而實現願望而努力。此任務對於社會教育者而言雖是難事，但它是一個值得付出的鬥爭。否則就是否定社會教育者認定其轉化知識分子角色之機會。（Giroux，1988）[9]

2019年11月3日

---

[9] 中譯採2007年，陳儒晰所譯《教師是知識分子》一書，臺北高等教育文化事業有限公司出版。

鳴謝

感謝C接受訪問，他的坦誠剖白，使我們得以瞭解一個教師經歷這次運動的心路歷程。訪談內容曾經C過目，並作修訂和補充。

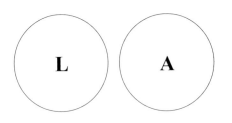

「前線」之後
——訪問運動及警隊支援人員

　　本篇文章由兩個訪問構成，對象分別爲反修例運動及警隊中的「支援」人員。訪問分別於10月底及11月初，以一對一的形式進行。兩名受訪者並不知悉本文將以如此形式由兩個訪問構成。第一位受訪者L同學爲運動參加者，20多歲，身分爲大專學生，有參與這數月的反修例運動，雖然行動不算「激進」，但在運動中積極地擔任支援的角色。另一名受訪者爲A先生，今年約30歲，從外國回流，在警隊中擔任後勤支援、屬於較爲基層的角色。

受訪者背景及參加運動起源

　　訪問第一個談到的問題是參加運動的源起。L雖然有參加6月的遊行，卻認爲自己於7月才正式開始投入現時的運動。對L而言，6月的遊行跟以往的七一遊行等沒有大分別。政府於6月宣布「暫緩」條例而非「撤回」，以及6、7月發生的種種事件，令L明白加深對事件的不滿，從而更積極地投入運動。

　　在這個時期令L進一步投入的因素有二。第一爲政府的不作爲、不表態，

甚至有一段長時間沒有任何主要官員現身面對公眾。情況反映了政府根本無心處理事件，只是希望拖延。第二，警察與這段時間的行動激發起L的不滿，認為除了繼續行動以外別無他法。被問及這兩因素的重要性，L認為是「缺一不可」。即使政府沒有出來回應，如果這段時間警察的行動跟以往沒有分別，例如在遊行時只是旁觀維持秩序，或是於佔中期間讓示威者留在路上，不會激發起L如此堅定參與運動的心。另一方面，即使警察的行動失當，如果這段期間政府有積極回應，令人感到事情有解決的希望，亦同樣不會變為今天的情況。

另一方面，談到當初加入警隊的緣起，A指出自己對軍事有興趣，亦愛好健身，加入警隊對他來說挺自然的選擇。而以作為虔誠基督徒，他對當初宣誓成為警員的誓詞十分認真對待。在這幾個月時間，A沒有直接上過「前線」，主要負責接替日常警務工作（例如當值報案室、處理其他「日常」案件），以騰出其他人手處理社會事件。

對運動的取態，A絕非一般的所謂藍絲，平時主要閱讀《明報》及《香港01》，但亦會看他認為較偏頗的《蘋果》及《東方》，以取得各方觀點。被問及有關「七二一事件」時，他也深深不忿，認為事件不可接受，卻由於自己的角色及事件發生於其他分區而無能為力。

運動中印象深刻的事件

相比起其他參加者，或是於社交媒體上接觸到的事件，由於L主要於前線後方支援，亦對自己的行動力有自信，較幸運地從未與警方人員有直接的不愉快衝突。要數自己經歷到最深刻的事情，便是在市民對港鐵醞釀不滿的初期（當時仍未對港鐵有大規模破壞），L於住處附近的地鐵站目睹一名市民因質問港鐵職員為何站中有大量防暴警察，該人被帶走後，L及一班市民不滿圍著港鐵職員要求解釋。及後因有人報警，防暴警察再次到場，L見狀隨即離開現場。L表示對其深刻之處是不明白為何只是問問題亦會被帶走。被問到有關運

動中較正面的經歷，便是在大多數參加者都是年青人的後方支援行動中，有老人家亦不辭勞苦一起工作，亦不聽其他參加者的勸告讓其他人做或休息。

對A而言，被問到在這幾個月在工作中較深刻的印象，要數有一次處理一名老人跌倒事件，他們比救護員更早到達現場，隨即使用僅有的裝備進行急救，卻在過程中被途人誤以為「警察打人」，心感極無奈卻仍需繼續施行急救，幸好沒有釀成重大誤會。

由於A的性格，在運動初期仍然與大部分朋友及相識有交流，但是於8月尾開始氣氛開始出現變化，逐漸被各種圈子排擠以及辱罵。A清楚記得，有一天於街上成功解決案件，得到涉事者的家人大力感謝，卻於同一時間手提電話中的群組被人圍攻，感到十分矛盾。

有關主要訴求

如前文提到，相信亦跟大部分參加者一樣，如果政府在初期已撤回方案，或在過去數月有較為正面的回應，L已經認為可以「收貨」。可是到了現在，L的取態自然是「五大訴求、缺一不可」。被問到這個立場有多大的彈性，L則有所猶疑。訪問初期，L表示雖然有一些訴求比較難以達到，但確實是缺一不可，在全部達成之前運動不會完結。可是在訪問後期，在討論這個運動的去向時，討論到最近有傳言特首會於明年下台，如果繼任的人選釋出善意，L本人亦會考慮接受。當然，L對善意的真確性、以及五大訴求當中哪幾項有什麼承諾是有要求的，但是「門檻」並不算高。假設新特首表示可以「考慮」成立獨立調查委員會、撤回暴動定性，並可於《基本法》框架下繼續尋求達成普選，L認為可以接受。

當然，這個並非純粹是態度的轉變，但更大可能是平衡理想及考慮到現實的情況。其次便是考慮到除自己以外的參加者的心態。被問到在這場運動中沒有大台，有沒有任何人或組織可以代表運動參加者，例如發言表態或與政府談

判，L很清晰地表達沒有可能，這場運動的參加者人數太多、層面太廣、行動亦十分不一。所以，即使L自己的立場及透過參與運動希望達成的目標並不一定是五大訴求全部達到，必定有其他參加者的取態較爲強硬，在達到五大訴求之前不會罷休。

另一方面，談到運動的起因，尤其是否因爲政府推行一條不受歡迎的條例所致，A的立場及眼光卻是更遠。A自認於2008年或以前有極強的民族自豪感，與當時香港的社會大多數相似（例如根據民調，2008年港人有很高的國民身分認同），卻於隨後數年不斷感受到香港政治情況的改變，包括大量自由行及新移民湧入，而政府大部分的決策並非以香港市民爲出發點。故此，修例風波只是一次過將一系列深層次社會矛盾浮面，冰封三尺非一日之寒。其中A提供了一個反映這個矛盾的例子。在執勤時，A曾經幫新來港人士錄口供，該人剛住滿七年，但已經在新建成的公屋（A認爲是頗「高質」的公屋）成功「上樓」，並且若無其事地表示一家都沒有在工作，依賴綜援生活。A想到其他本地家庭，一家多口擠在劏房裡，這些新移民卻可以於公屋安居，感到相當無奈，認爲政府資源不應該這樣運用。

運動的代價及可能的終結

訪問的後期，焦點總會轉移至對運動未來的看法，例如會不會「割席」等。談到L認爲運動可以付出什麼代價，例如是否因爲可以達成運動的目的，破壞「藍色」資本的商舖，甚至使用汽油彈等較「激進」行爲或出現人命傷亡——可以接受到什麼程度？結果發現，L對大部分示威者會做出的行爲都不反對，甚至包括可能出現的人命傷亡，亦已經屬可接受的範圍。該注意的是，在與L訪談的時點，坊間討論的是15歲少女死亡事件，還未發生將軍澳周同學事件。

「那出現什麼情況才會認爲需要結束運動？」（思考）「例如出現大量人

命傷亡？」（猶疑）「出現大量『非警察』的傷亡？」L原本表示同意，但立即補充「但如果這樣便更加不會結束。」如出動解放軍，當然需要考慮行動，但總的來說影響不會十分大。L甚至認為，面對解放軍可能更好，因為很有可能他們的行動會比警察更「正常」。

相對於L的取態，A主要以一個個人的立場出發。直至現時為止，A仍然深信自己的工作，亦會感到自豪及有成功感。在討論運動過程中，A始終認為，作為警察自己並沒有做錯，一直克盡己任，雖然對受到攻擊有不開心及無奈，卻絕對做到問心無愧。同樣道理，A沒有想過辭職，除了因為仍然喜歡工作外（訪問中沒有談到A對同僚的行為是否認同、或是對是錯），也認為自己僅需每次出勤盡自己本份及職責即可。

被問到對運動發展至此的看法。雖然受盡朋輩壓力，仍然感受到A對運動保持一定程度中立的看法，認為主要訴求可以理解。但是A唯一明確表示，對最近出現「私了」的行為絕不苟同。對A而言，「私了」令示威者徹底失去所謂的「道德高地」，在他們動手以自己的方式「解決問題」的一刻，他們自己亦都成為犯罪者，A對此深痛惡絕。在此，筆者並沒有追問A有沒有想過示威者是因為認為報警不會得到公平的對待而產生「私了」的念頭。因為筆者深信若果當時到場的警員為A，事件必定都會得到公平的解決。

至於「割席」問題，在問及A能否想像在什麼情況下會對警員的身分感到羞恥，並考慮辭職，A肯定地表示不會，理由如上所述，他每天都在進行日常警務工作，他相信這份工作以及對工作感到自豪，不明白為什麼自己需要為其他人的行為放棄喜歡做、認為對的事。當然，被問及如在執勤中遇到同僚進行不恰當的行為，A表示會毫不猶豫阻止。

展望香港及自己的未來

對L來說，這次運動有幾個重要的影響。在參與運動前，L自認是「港

豬」，對政治不甚了解，現在卻會對立法會的辯論非常關心及瞭如指掌。值得留意的是，L在2014年雨傘運動時仍是中學生，自言當時年紀較小，未有受運動影響。另外，L在運動的過程中思考自己的未來，希望可以於日後做一些事貢獻社會，例如做社工或教師。雖然認為自己一直都希望擔當這類工作，但運動令這些希望貢獻社會及幫助別人的信念更為強烈。

對香港的未來，L表示在運動後對2047這一年份十分擔心。被問到為何一方面認為現時香港政府或社會已經由中央政府從不同渠道控制（例如認為特首林鄭月娥事事聽命於中央），卻仍然認為2047年是一個關鍵日期，L表示2047年後中央可以改變制度，並終止《基本法》，直接控制香港，跟現時仍然有決定性的分別。

另一方面，談到現時的風波有沒有解決的可能，A認為不論短期發展如何，「如果香港政府一天不是為香港市民、以香港本身為出發點、而是凡事均單純以『其他政權』之利益為出發點執政，一天都沒有解決的希望。」A亦隨即補充，自己絕不支持港獨，且並不認為港獨有可能，只是認為中央若能在現行的框架中，貫徹實行一國兩制，讓香港政府有完全的能力處理自己（國防及外交以外）的事務，而領導到政府的人亦不用過度受一個兩制中的「一國」掣肘，將會為港府施政提供更多彈性，或許可以在一定程度上或多或少的平息某些民怨。最後，A表示對香港未來不太抱有希望，但仍未至於絕望，現階段唯有抱著見步行步，並且如上所述盡自己本份即可的想法。

討論及總結

本文會綜合討論兩個訪問，結合筆者對時局的見解作出總結。第一，比較過往的政治事件，學者或評論員每每將事件放大，形容為「香港政治分水嶺」或「香港從此不一樣」等。當然，1989年民運、2003年七一遊行以及2014年雨傘運動，全部都確實地改寫了香港政治面貌，可是從筆者看來，這次的修例風

波卻是真正做到了跨世代及全民的影響。由於風波持續一段時間，社會受的影響亦十分大，我們可以斷言每一個香港人都或多或少受到波及。由直接參與運動與警察對峙到日常的交通不便、居住的社區發生衝突及被投放催淚彈、逛街時店舖突然關門，甚至只是在逛商場時驚覺「原來少了遊客那麼輕鬆」，這次風波真正做到了全民的政治啟蒙。不論政見，每個人就算未必需要在這次事件中「表態」，亦至少會有充分機會整理自己的看法，判斷誰是誰非。這亦是為什麼就算雨傘運動當時對社會上一部分人來說那麼震撼，其他人仍然可以選擇置身事外、不聞不問。相反，這次運動根本地觸及了人們的日常生活，甚至改變了香港人的消費及交通模式。你可能不介意鐵路閘機被破壞，亦不介意多走幾步於「小店」消費，他卻因為未能早些回家、樓下的商場關門而對騷亂懷恨在心。總之，這場風波無可避免地將每個香港人捲入，真正是做到了「香港從此不一樣」。

第二，雖然兩名受訪者都只是代表個人，而絕對不代表各自所屬的群體及其他任何人士，卻令筆者有深刻的體會。首先，對L認為運動可接受的代價及底線，即使出現人命傷亡，仍然選擇堅持「核彈都不割」（割席），筆者能理解不割席的理由，但必須承認沒有想像過參加者不割席的程度，甚至能接受傷亡（尤其是對方），實在相當意外。L並不活躍於前線，卻萌生了這種「激進」（至少對筆者而言）的意志，可想而知，這數個月在媒體及群組中令L感到不滿及憤怒的事情必定多不勝數。另一方面，A則從較為個人的角度出發，沒有將隊伍的整體與自己掛勾，沒有割不割席這一個想法。從訪問中可以感受到，A絕對是正直的警察，不會在工作中出現偏私，亦在被朋友及同輩排擠後仍能保持一個平衡的觀點，在這個時期算是十分難能可貴。筆者亦認為A這個立場在警隊中不幸地應該屬於極少數。在社會急速兩極化時，警隊在每天備受群眾攻擊下，很容易產生情緒（正如社會的「中立」大眾在不斷接觸資訊中會建立自己的立場）。當然，能維持這個立場的主要原因是由於A沒有很多機會上前線。可以想像在前線，雙方都各不相讓，很容易會產生依靠同僚及仇視對手的想法，便很難繼續維持這個以個人出發的觀點。如果爭執持續，不難

想像終有一天會出現令A必須選擇哪一邊的契機（例如是否出手制止過火的同僚）。

　　對於香港的未來，筆者身邊較多人傾向認爲2047年的實質意義不大，因爲即使屆時中央政府宣布現行《基本法》維持原狀，繼續實行一國兩制五十年（純屬大膽假設），對管治香港而言其實分別不大。由過往十年的往績可以得出一個觀點，有理由相信香港的領導人的實質決策都必須得到中央的首肯。不論是直接給予指示（例如在修例風波上可否作出讓步）或是高官揣測上意，由各千億基建至新移民政策，可見香港的管治體制很多時候並非由本地的核心利益出發。故此，問題並非2047年後或條文上訂立的制度如何，而是在實行一國兩制中有著一個根本問題。這個觀點與較年長的A十分接近。可是，較年青而傾向理想主義的L仍然對2047年這個大限表示憂慮，認爲《基本法》的形式及存續均十分重要。筆者對此有兩點解讀。第一，L屬於較爲年青的一代，到2047年時約爲五十歲，離退休或老去都有一段時間。香港的未來，不論形式上或實際執行上，都會對L這一代有實在的影響。第二，L的「政治啓蒙」較遲，可以說只是於反修例運動中這數月間的事。跟筆者或A不同（A有近十年留意政治時事的經驗），L最爲關心和著眼現時的政治事件，以及事件背後引申的問題（香港前途及未來）。反之，筆者及其他人對過去十年、甚至回歸後的發展有不同的體會及結論。以一個較正面的角度來說，香港以及中央政府其實仍然未有「失去一代人」，只要於未來的日子重新思考在一國兩制中，如何實現給予香港政府一定自主權，及充分貫徹「河水不犯井水」等方針，仍然相當有可能收復香港下一代的信心，甚至重新令他們認同國民身分這一類現時看似遙不可及的目標。

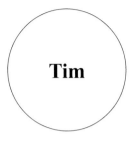

Tim 　中港合作的未來

　　Tim（化名）是我班內由外系來修讀的一個男學生，他外型很壯碩，一臉正氣，不像本地DSE的學生，他曾表示年少時想過投身做警察，但最近這場運動已經令他打消了這個念頭。在偶然的機會下，知道他很熱心投入反送中運動，於是想了解他對運動的看法及自己的角色，以及他對社會的期望。因此以電郵約他進行訪問，他亦先看過有關文件及了解訪問目的，才答允接受訪問，訪問的時間是在周三下課後進行，大約花了一個多小時。

　　Tim說從一開始，即是6月9日，已經對這個運動很支持，因為覺得這是一件很重要的事情，對自己及社會都有切身的影響，所以他必須要走出來。以下這一連串活動他都曾經積極參與：

- 物資運送／傳遞
- 前線／防衛行動
- 貼連儂牆
- 分享網上示威資訊
- 網上支持示威者
- 簽署網上聯署

● 遊行／集會／人鏈

● 拍攝紀錄

他在前線的工作主要是用清水處理催淚彈，以及救人，將警察要拘捕的人儘快拉回來，但他不會衝擊警察。自從6月9日開始上街，他沒有刻意考慮去做些什麼任務，後來有朋友告訴他前線不夠人，所以一直幫忙至今。

站出來的原因

Tim一直有從《蘋果日報》看新聞，同意自己很受《蘋果》報導所影響，《蘋果》經常談及這件事情（送中惡法），所以自己都有留意這一宗新聞的發展，認為政府對送中條例的安排令到很多市民感到不滿；政府雖然出於好意，但很多細節未有交代清楚便匆忙推出，因此未能釋除公眾疑慮，所以覺得有需要站出來讓政府知道市民的看法。

他表示自己對政治的醒覺亦與雨傘運動有關，當年雨傘運動時自己還是一個中三中四的學生，對政治了解不深，因為要到高中才有機會接觸通識科，進入大學以後對事件較了解及掌握，覺得自己有責任要走出來。可見雨傘運動與反送中運動是一脈相承的，很多中學生都是在雨傘時受到啓蒙，到反送中這場運動便成為了骨幹分子，可見政治參與令他們這一代急速成長。

他個人認為這場運動爆發的原因與6月9日遊行後政府的冷處理有關，6月9日百多萬人上完街之後，晚上11時多特首林鄭月娥發出公告，說仍然會在6月12日如期二讀，政府如此漠視民意，對百多萬人上街的反對意見置之不理，令市民十分憤怒；因此才導致市民在6月12日包圍立法會大樓，以及示威者衝入立法會大堂，被政府定性為暴動等，那天的情況他個人認為未算暴動，只是政府坐視不理才導致市民上街包圍立法會，以和平的方式表達不果，才會爆發衝突。

如何看香港社會問題

Tim認為，目前香港社會的最大問題是政府不理人民，不聽民意，這是激發起一場運動的近因；但背後導致這場運動的社會問題亦很多：像是中國政府與香港的關係，大陸政府在反送中議題上角色雖然模糊，但亦動搖香港人對一國兩制的信任；而香港亦有積壓其他的社會問題，例如房屋、資源分配、水貨客等，政府對很多問題都愛理不理，因此沒有得到妥善的處理。

他自己的經驗覺得身邊20至30歲那一輩年輕人，在香港社會特別感到無助，人工低買不了樓，屬於夾心階層又沒有資助，這些屬於M型社會內凹在M字下面的一批，政府沒有理會他們，但社會上卻有很多人屬於這一類，運動出現以後導致他們的情緒一發不可收拾。Tim的姐姐正屬於這一批人，她每月薪金約二萬元，其中四分之一花在租住「劏房」上，剩下可動用的薪水不多，要買樓更是遙遙無期，感覺到人生沒有什麼出路。這麼多年輕人走了出來，顯示20至30歲是在社會問題上最受影響的一班人，覺得社會對他們不公平。

雖然Tim自6月9日已開始參與，但在7月底至8月底去了加拿大放暑假，沒有到前線幫手，當時他感到很無奈，亦很感慨社會為何會變成這樣！特別是七二一元朗襲擊那一次，看到當時情況他覺得「很生氣，很想去現場幫手，想同白衫人打過」，但因為要準備旅行，所以沒有出去支援。理智告訴他暴力解決不了問題，亦很不滿政府要製造自己人打自己人的場面，若參與打鬥，「覺得自己也變成了暴徒？」

難忘經驗

Tim眾多參與經驗中，其中最驚險的一幕發生在黃大仙。當時示威者包圍警署，警方已經舉了橙旗及黑旗，很多人手上只有雨傘，沒有足夠的裝備，警方放催淚彈時很多人都打開傘蹲在地上，當時催淚彈太多，很危險；但自己

要負責弄熄催淚彈，所以要站起來倒水，除了吸了很多催淚煙外，一旦警方開槍，自己站起來很容易成為警方的目標。事後他才知道情況很危險，當時只知道盡力做好本份。

經歷過連串的示威行動，Tim覺得自己更有責任要站前一點，因為警察的行為太離譜，很不希望社會變成現在這個樣子。他個人覺得，警察雖然面對很多壓力，但他們受過專業訓練，應該比正常人擁有更高EQ應對逆境，不應該胡作非為；他也不同意示威者向警察報復，例如「起底」，因為警察不過是政治棋子，被政府利用作為政治工具；其實警隊中很多人以為這樣做是為了社會服務，不幸卻成為他人的政治籌碼；自己判斷示威者同樣是被人利用，最終只有政客得益，特別是泛民等人，他們不一定真心支持示威者，他們都是利用此事件獲得政治利益。他認為政客很多時都是跟時勢走，未必那麼真心的為香港好，例如美國議員的介入，不過是利用香港制裁中國，互相在貿易戰之間角力，因此製造混亂。年輕人像他這一代大多不聽本地政客那一套，例如泛民的政客，即使楊岳橋他亦不大欣賞，較喜歡新一代，覺得他們較為代表他的聲音。他較為接受的民意領袖如梁天琦、黃之鋒等，覺得他們較有政治智慧及能量。

如何看運動的未來走向

Tim感到反送中運動的氣勢最近已經明顯緩和了不少，市民熱情減退，應該今年之內會平靜下來，因為社會的熱情很難持續，不可能再有200萬人上街的場面，只要政府再作出些微讓步，例如最近李家超已經正式撤回條例，個人估計成立獨立調查的機會也很大，因為警監會的報告市民多數不會滿意，而特首亦表示不會排除此可能。

他認為香港應該不會成為另一個北愛爾蘭，因為香港是一個國際城市，受國際注目，香港經濟地位很難與其他城市作直接比較，目前運動的發展雖然難

以預計，但相信香港可以回復以往的平靜。他自己覺得只要做到撤回條例，成立獨立調查委員會，以及撤銷暴動定性，大部分支持者都像他一樣會收貨，只是勇武的示威者或許不同意，因為要他們完全滿意的門檻較高。

他期望這場運動能達到政府與市民肯互相理解、讓步、妥協，減少社會紛爭；為了達成運動的目的，他自己不怕受傷，但不希望有更多人受傷，死亡或者坐牢；他認為衝擊法治者受到法律制裁亦很合理，因為這樣才能體驗法治精神。

他的領悟是：有些可惜不少十多歲的少年人在運動中被捕，覺得他們很可能被人煽動，因為自己看了連登很久，認為很多在連登上發表的言論都是傾向偏激，或者譁眾取寵，說話的人有些不負責任，所以自己大多數時候都不會很認真的看那些言論，但十多歲的年輕人可能很依賴連登，特別是新加入者，未必了解論壇文化，若信以為真，便很容易被論壇上的極端言論所誤導。

社會分歧有辦法修補嗎？

Tim認為現時香港人最渴望的訴求是獨立調查，希望了解事件的真相，釐清示威者與警方兩方面的責任，還雙方一個公道，懲處要負責任的人。他以為，若政府答允首三項訴求，大部分支持者應該會接受，願意作出退讓。而政府若要修補社會上的撕裂，首先要幫助社會上最需要幫助的人，特別是初出來工作的年輕人；政府同時要廣納民意，不要高高在上，令人重拾對社會可回復正常運作的信心；有需要的話要更換特首，或者重組立法會，讓更多年輕，有魄力的人當議員，讓新一代的議員更能代表年輕人的聲音。

運動對香港的影響

　　他認為運動出現了以後，香港人變得更夠膽發聲，更勇敢表達自己的政治訴求，這一點相信會改變香港社會的政治生態；對未來方面，他自己不考慮移民，因為外國生活太貴，暫時沒有能力負擔在外地生活；亦相信自己這一輩子都不會走，因為已扎根在香港，對這地有感情，但害怕2047年的人，或年紀較大的人可能會走；估計2047年會再發生類似的動亂事件，但他在此地土生土長，有強烈感情，情緒上不想離開這裡。

　　他認為這場運動對香港的經濟有較大的影響，商人會撤資，對經濟造成一定的打擊，經濟情況會不穩定，但政治上會好一些；個人方面，就業或有影響，但為了達到政治理想，總要犧牲一些也沒有辦法，因為政治、經濟及民生三方面不一定能夠達到平衡狀態；總是有所偏差；香港人以前政治冷感，只是經濟動物，現在大多數人政治覺醒了，是一件好事，他們更關注社會的發展。相信中國會重新部署如何讓香港過渡至2047，不相信大陸會強硬起來，相信會作出少少讓步，因為考慮經濟因素，個人也不擔心秋後算帳，因為中國應該不會這麼死板，對香港太強硬只會造成反彈。

　　在他眼中，過去發生的是一場社會運動，不是暴動或者是革命，因為若是真正的暴動，社會狀態已經完全失控，而革命會犧牲大量人命，社會根本不可能正常運作。

關於香港的未來

　　Tim認為香港的核心價值包括了民主、自由，這些都是香港人最希望得到的，香港若希望有良好的發展，應該保留這些價值，因為在世界其他發展良好的地方，都具備這些元素。他認為大陸政府與及香港政府應該要互相合作，大陸要明白，香港是一個法治社會，香港多年來這一套管治方法行之有效，大陸

應該尊重及明白這套制度對香港的重要性。他認為國內領導都是理性的，現階段香港的問題，應該有人會向他們進言，他們未至於對香港的情況是非不分，他們應該不會用對付新疆的手法解決香港問題，因為香港擁有較高的國際地位。

他認為示威者不應將香港問題高調與新疆問題扣連，不要推到那麼前，對人權問題亦不用那麼高調，應集中爭取五大訴求。香港的社會運動已經正式啟動了，未來發展應該會與現在差不多，和理非佔大多數，勇武走到最前線，若社會出現重大議題，市民仍然會出來，不是每個人都做到勇武，但都會勇敢想為社會事務發聲，若和平表達不能達到目的，勇武是唯一可行的方法。事件在未來若然能夠平息，政治環境應該會較為平靜，不相信不同政黨會之後繼續鬥爭，應該會合作多一些，因為要對社會議題貼地一些，才能獲得選民的支持，政府應該會公平一些對待各階層，政府會多做一些工作。

他相信未來香港的經濟會下行，國際地位下降，外資對香港沒有信心，走資問題嚴重，難免亦影響香港的國際地位，但政治氣氛應該會改善，國內統治者要顧及香港人的感受，不能走硬那一套，他的良好願望是國內對香港的管治會調整政策。他預期政治方面則會好些，經濟方面會差一點，社會氣氛會較好；因此長期而言是樂觀的，而他個人亦會選擇留在香港。

事實上，Tim的家庭背景亦影響他在這次運動中的行動，他公公婆婆是國內的軍人，曾接受高等教育，在黨內擁有一定的地位，他母親因為大陸生活較窮，所以在三十多年前從廣東來了香港，他母親雖然在國內受教育，也很明白香港社會存在很多問題，因為自己也是很辛苦才供完一層樓，不想社會太亂，她的政治立場上跟年輕人有衝突，而亦不贊成用對抗的方法解決問題，覺得在現實政治不會行得通，亦太危險。他母親經常說中國太大，不用強硬的方法不行，她這個說法Tim表示理解，但卻認為中國應對香港的政策有所不同。

雖然生活及成長在藍絲的家庭，他仍然相信香港的經驗與大陸不同，他與老師傾談過，認為不能單在情緒上說愛國，需要多些理性分析，例如香港用繁體字，國內用簡體字，不能一下子可以全部改變過來，香港有自由，市民亦較

懂得思想，了解社會出現的不少問題，他自己對共產黨的印象是理智的，認為強烈的鎮壓手法，短期應該不會在香港發生。

Tim是土生土長的香港新一代，是典型的本地尖子，對香港有強烈的認同及責任感，較有獨立思考及自已的看法，由於家庭背景的關係，他對中國並非完全抗拒，也認同中國的一套政治論述，是美國要利用香港擾亂中國，因此他對香港的民主派沒有好感，也許認為他們聽隨美國的指令，並非真心為香港好；他追求的不過是保持香港的獨特性，維持一國兩制的防火牆，而他也傾向相信共產黨是務實的，有能力亦有實際需要保持香港的繁榮穩定。在整件事情上，他最失望的應該是香港政府，認為它們沒有盡好本份，聆聽民意，亦沒有在適合的時機回應市民合理的訴求，才導致今日的亂局，他對警察的處境較為同情多於仇恨。即使政治環境如何惡劣，他完全沒有想過要離開香港，相信這一批人會是2047年香港的骨幹，而他們對香港的承擔及關注，會成為香港未來發展的希望。

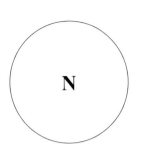

最美滿的結局
是因了解而和平分手

受訪者N是一名二十多歲的大學生，與母親同住，家庭收入不算高，但沒有負擔物業的煩惱。

受訪者與運動的關係

N的立場是支持運動。她參與過的角色包括：物資運送／傳遞、貼連儂牆、網上支持示威者、簽署網上聯署、罷工／罷課／罷市、以及遊行／集會／人鏈。她視自己為一個前線手足，但角色隨著運動有所演變，變得更豐富及機動。

N表示在運動初期她對於送中條例理解不深，對於運動也沒有什麼熱情可言。原因來自她2014年以中學生身分參與過佔中。她認為佔中失敗可歸咎於泛民的大台、香港人視社運為嘉年華，以及運動中參與者因意見不合而割席。而她在送中條例剛推出的頭數個月（即2月至6月期間），她對於條例沒有太大興趣，也因嘗過佔中失敗而覺得香港人對於這條條例不會有太大的反應，莫論成

為一場比佔中更大型、更持久的社運。今年6、7月左右，她覺得運動仍然由一些大台、泛民角色擔大旗，而參加者的角色猶如棋子。因此，她對於運動不抱太大期望及興趣。

N認為她第一次認真參與反送中運動是8月5日的「大三罷」。當天她沒有課堂，所以她去了添馬的集會。她從講者的陣容體會到泛民已由大台退到一個支持單位的角色，比佔中時期是次參與者的背景更百花齊放。這是她對於運動開始放下戒心的時間。大約下午4時左右，她準備由添馬公園經海富橋離開。在海富橋上擠滿了人，而她身旁開始有警察發射催淚彈驅逐橋下市民。因為她有急救牌，並帶有生理鹽水，她去了橋下幫手急救，疏散人群，執拾剩餘廢物等等。執拾剩餘廢物這一項的重要性是她由佔中理解到，旨在令沒有參與運動的人不會視參與者為「暴／狂徒」。她於橋下幫忙時有一催淚彈從高處落到她六個身位左右的位置。她隨即以水將催淚彈撲熄。

她指出當刻充分感受的警察的荒謬——警方竟然向正在離開的群眾施放催淚彈，而群眾人數亦不多，與佔中的經驗有很大分別。我問她有沒有因自己差點被射到而感到驚慌。她表示當時她感到失望和憤怒，多於恐懼或驚慌。她本來打算返工，但經此一役，她決定當日留在現場及灣仔一帶幫手。她作出留下幫忙的決定是因為三個身分：第一，她覺得是香港人，對於警方荒唐的行為很憤怒。她憤怒警方如此敵視一群準備離開，準備合作的市民。當日有很多人扶老攜幼，根本不需要以如此方式驅散的所謂暴徒。第二，她是年輕人，她有氣力跑走離開，機動性強，所以決定留下幫忙一些機動性較弱的群眾。第三，她是急救員，她有知識及能力幫手。

第一次到前線是8月中於觀塘／九龍灣區的遊行。因為當時還是打「陣地戰」，她當日主要處理物資站。她「中個頭埋去」，主動提出要幫忙處理物資，就當了這個角色。與佔中時有大台指揮不同，這種主動性強，「中個頭埋去」的參與是她參與是次運動前線的方式。手足之間似乎很有默契各崗位應如何做好。她於物資站也遇到很多市民把一袋一袋物資（如索帶）交予她們，笑說其實前線很明白香港人很有錢，根本不用外國資金。

她在前線物資隊的生涯裡有兩個很衝擊的時間——10月1日及10月20日。

　　她於9月28日有參與民陣集會，9月29日也有參與遊行。9月29日遊行當日她眼見有人被困於海富中心金鐘站出口，要由狹窄的閘口爬出逃生。於十一當日她亦有去遊行，也有帶上「豬嘴」。當日她負責物資傳遞之餘，也有當「滅煙水隊」。她坦然不是主動或很有準備地當「滅煙水隊」。可是，有催淚彈落到她身旁時，根本沒有不當「滅煙水隊」的選擇，因為催淚彈的確令人很辛苦。當日，她也站得比較前（第二、三排左右），有一段時間與警方對恃。對恃後亦帶著「豬嘴」由金鐘一直跑到銅鑼灣灣仔交界。大約黃昏左右她跳上一架往九龍的「校車」就離開。當日她沒有直接回九龍東的家，因為「校車」開往九龍西，所以她去了朋友家暫避。等晚上市面平靜一點才回家。那幾天「發夢」的經歷讓她感受到自己於這個運動的第四個身分——大學生。她回想當年佔中，她以中學生身分參與，而大台主要由大學生及泛民主理。她一方面覺得是時候由她這一代大學生接棒，另一方面她目睹有比她年輕的示威者捱打受傷，她更覺得自己責無旁貸要上前線。但是，9月28日，9月29日，10月1日等日的經驗，由其是目睹有人從海富地鐵站閘口爬出逃生、「俾狗追」（即被警方追捕）、以及被催淚彈襲擊等，令她開始出現創傷後壓力徵狀（post-traumatic stress symptoms），包括回閃（flashbacks），發惡夢，難以入睡，集中力下降，焦慮等。所以她於10月中期，減少了出去遊行集會等次數。

　　10月20日當日，她再一次上前線。今次她當了哨兵，為和理非及一家大細參與者作人群指揮及提供逃生路線、設置路障等。她身處的位置離水炮車挺近，即使她沒有被噴／淺到。在進行新角色及任務的時間，她再一次主動幫忙，所謂「中個頭埋去」。以設置路障為例，當有三、四名手足認為某位置需要路障就會有人幫手搬障礙物；而當哨兵則要留意Telegram上的消息，把消息傳遞到手持揚聲器的手足。在沒有大台指揮下，每位前線手足的機動性、主動性、常識都要很強。

　　整體來說，N認為自己越走越前。主要原因是她知道前線手足人數不足。不斷的拘捕、受傷下，前線人數越來越少，出來的前線越來越不熟練。但她認

為的前線不一定指體力／肢體上的勇武，而可以是面具人鏈日的組／站長、派傳單、貼文宣於連儂牆、網上宣傳等。一個人可以有很多角色，反正在現場有需要就總要有人擔當某個角色，所謂「殺到來就食」，滅煙如是、設置路障如是。

對政治的理解

N認為這是一場社會運動／社運。不是暴動，因為法律上對暴動的定義太廣闊、太主觀。什麼是「令人感到危險」、什麼是「公眾秩序受影響」不單受個人價值觀影響，也受執法者與示威者的互動影響。N認同有市民認為警察往往是引起公眾恐慌，繼而損害公眾安全的一方。簡單而言，什麼是暴動本身存在很大個問號，所以只有在公平公正公開，以法治精神（rule of law）為基礎下定義什麼是暴動才可決定這一連串事件是否暴動。況且，大部分店舖、基建沒有受損。所謂「裝修」也只影響紅色資本、藍絲或黑幫勢力，離以前六七暴動等情況很遠。受訪者亦不同意本運動是革命，因為沒有所謂「內戰」或「打仗」的情況，民眾與執法者裝備實力懸殊。故此，於以下部分，我會繼續以「運動」稱呼有關反送中的一系列事件。

她認為運動主因是特首林鄭月娥（林鄭）。第二個源頭則是在於香港警察。第三個源頭在於一群「保皇黨」／「建制高官」，例如何君堯、林志偉（警察隊員佐級協會主席）等人。她認為與其說送中條例是近因，更有關係的因素在於民生問題——衣食住行皆出問題。小店相繼消失，市場只剩下連鎖商店或大機構、內地人及自由行改變了城市面貌，新移民來港搶奪學位、公屋及各項資源等，一切一切都是香港人不能再忍的原因。香港人的生存空間不斷地被壓榨。這系列問題的源頭是特首及其團隊漠視香港人的意願，因為他們根本不用對香港人負責，不是由香港人選出，更在香港人群體內沒有任何代表性。所以是一個政制問題，衍生出一系列民生問題，繼而釀成今日政府及藍絲眼中

的治安問題、法治問題。N多次強調，政府未能止暴制亂是因為他們以治安手段、以歪曲法治精神的手段處理政治問題。她指林鄭絕不妥當的回應是令運動未能平息的主因。林鄭冷漠、冷血、毫不體恤民情的回應，「牛頭不搭馬嘴」的施政報告，以及各種額外的惡法（如蒙面法）只令情況火上加油。林鄭亦於運動前期默許了警方以不對稱的暴力對待示威者及市民。她給予警方的縱容，促使了對示威者的警暴，以及警方敵視市民這個「基本盤」，因為警方了解到他們做什麼都不會有後果，都會得到中共及港府允許及縱容。而保皇黨的的行為及言論不單只令群眾更貶視政權、也暴露了香港一直由一群沒有智商、沒有良智、只懂所謂「奶共」的人管治。當權者的漠視、警權過大、保皇黨的猴子戲令這場運動越演越烈，因為香港人退無可退。所以當問到她會否認為示威者可以作做一些退讓以換來一些政府的讓步，她坦言問題環環相扣，而運動中政府的作風及回應演活了政治可以凌駕一切這個原則，所以若非落實雙真普選，一個人民可以把不當的當權者拉下台的制衡之道，她眼中香港人已經退無可退。運動初期，香港人還未有如此覺醒，可能撤回送中條例、成立獨立調查委員會已經為人可接受。她認為如果運動初期林鄭繼續冷回應，而警方克制地，以香港人性格，和平示威一兩個月已經會現疲態，示威者會死心，運動亦會自動完結。鉛水事件、南丫島海難就是好例子。但到今天，警暴、緊急法等問題令她意識到政府的敗壞不是單一事件，對於政權的不滿及憤怒「利疊利」的上升，變成追求政制上根本性的改變。

另一方面，這個運動得以維持也因為兩個因素。第一個屬於內部因素。她認為示威者明白到「做就有機會達到目標，什麼都不做就一定達不到目標」的道理。她坦言是政府被動的回應令示威者明白和平示威不會有效。她認為若不是七一有人闖入立法會，送中條例已過；若非8月一系列先溫的示威行動，政府不會確確實實地撤回送中條例。另一個因素屬於外部因素。香港一系列示威受到國際關注。所謂「打國際線」有效讓香港人的利益與外國的利益聯合起來，為中共及港府加上一重制衡。

被問到自己犧牲的底線是什麼，N表示只要自己不被捕她對會繼續參與運

動。她表示「政府冇底線，市民爲何要有高既的底線」。故此她儘管有一系列創傷後壓力癥狀，她仍堅持參與運動。另外，問及她若然她於運動的參與會影響她日後求職等等，她表示她不會後悔，但她會不滿僱主侵犯她工作時間以外的個人生活自由。她亦指出若僱主因爲她行使「眞香港人」的權利而不聘用她，她亦只有無奈，這些工作亦不適合。

至於訴求方面，她指追究警暴與眞雙普選都是不能退讓的訴求。警暴得以被追究也要有代表性，對香港人負責的政權，所以眞雙普選是必須的，否則所謂追求也只是「門面工夫」。追究警暴需要一個公眾相信的獨立調查委員會。其委員會的成員需要有公眾認受性，例如首席法官等等。委員會亦需要以法律及法治精神審議有關事件。香港人需要眞相，她也相信香港人會尊重眞相，以及公平公正公開，跟循法治精神處理的判決。她相信法律是用來制衡政權，而不是加害於弱者。儘管有眞雙普選，她指出這不等於從始市民就樣樣事相信政府。以她自己爲例，她表示若下年實行雙普選，她作爲一個要交稅的香港市民，她有權利和義務繼續監察政府。所謂對社會有「stake」是這個意思。而眞相是政府重拾人民信任的第一步。

對於民間黃藍之間能否修補撕裂的問題，N認爲撕裂是雙向的。雙方若非願意溝通，什麼行動都是徒然。所以，修補與否是意願的問題。她指出現在有很多家庭有類似的撕裂，很多時候不是黃絲子女不溝通，而是藍絲父母不願意聆聽。我問N如果藍絲想你聽他們的論述，你會否聆聽。她指她會接受意見，尤其是一些有關示威活動影響民生的意見，但有關的所謂政治論述，她實在是不能接受的。她亦提及運動之前，她和朋友都會去深圳玩、飲喜茶、吃酸菜魚等等。她眼見一群朋友很融入大灣區的生活模式及圈子。可是，運動開始之後，大家都與這種大灣區生活模式割裂。再問會不會「返大陸玩」，大家都不會了。她認爲她和朋友們有一種覺醒。她以Maslow的Hierarchy of Needs（需求層次）爲比喻——以往大陸提供給香港人時一些金字塔底層的「衣食住行」上的方便、新穎的玩法等等。但送中條例及往後的運動提醒了他們人有更多的追求。由其是於7月有手足被「射爆眼」，七二一警暴等等，她們意識到對良心

的追求是在喜茶、酸菜魚等新穎的生活裡面找不到。她直指，「大陸會冇左一代香港人」，因爲這一代與內地的同一代追求不同了，道不同不相爲謀。

對未來的展望

　　N認爲香港的核心價值在於自由、民主、人權、法治。自己雖說出生於1996年，沒有對港英任何回憶或自身體驗，但她相信「香港人」或「香港」這個概念來自港英對香港的建設，而這些貢獻她認爲是Maslow hierarchy of needs的上層：香港人的自豪感、公平、人文精神、以人爲本等等。她視自己爲本土主義者。她眼中的香港本土味是港英的遺物，是中英文化交匯處，是highbrow及low-brow文化的融合。這些與中國大陸的生活文化，由其是一些則重hierarchy of needs底層的文代及想法風馬牛不相干，所以人心不回歸及往後的「中港矛盾」是因爲夾硬比兩個極不同的交化合起來。

　　問到她會否和家姐一樣移民到新加坡或其他地方，她期望自己未來五，六十年都會在香港生活，視香港爲家。她享受香港獨特的本土文化。這個想法也支持了她繼續於這場運動當不同角色。可是，如果香港再不存在——本土文化被消滅，甚至所謂和大灣區各市底深圳同城化了，她亦會考慮離開香港。然而，「香港人」這個身分對於她的重要性很大。她自小學中學已經對時事感興趣，而她對時事的興趣比家姐大得多。所以家姐移居新加坡對家姐沒多大影響，家姐亦表示很享受新加坡的新生活。但對N來說，移民是她對香港絕望才走的一步。

　　對於運動未來的展望，她直言現時運動處於樽頸位。國際戰線有反應但太慢，美國的《香港人權民主法案》尚未通過，而示威者，由其是前線手足，流失量大。她都是靠閱讀一些政治／社運的KOL的文章了解運動應如何發展。她個人覺得可以繼續遊行集會等活動，務求把時間拖長，政府回應再次出醜而獲得國際及本地關注。她亦指出有很多人是搭「民主順風車」，即期盼社會有

改變卻不付出。

　　對於香港的未來，她了解有些「焦土派」對於當前政制極不信任。他們比較熱衷於民主自決的方案。但對她來說，港獨一方面是一個不能說的選項，因爲當前的政治現實，另一方面港獨亦是一個不可預知的情況（unknown）。她表示即使香港沒有自己軍隊，自己有能力處理外交事務，對於經濟及法治的動盪是難以想像的大。所以其實她自己都覺得很矛盾，一方面了解到因政治現實，港獨不是一條易走的出路，另一方面她亦期望有眞雙普選，而她亦明白這是中共不會容許的。所謂反對派亦不能做一世反對派，因爲他們本身倚賴了要反對的議案所存在。所以N比較喜歡「有建設的反對派」，如提出移交方案的楊岳橋。對她來說，最美滿的結局是中港雙方因了解而和平分手，各走各路；或至少回到1997年時期「河水不犯井水」的狀況。

分析及討論

　　N的訪問中常常出見她對於自己不同身分（identity）的反思；無論是一個香港人的身分、一個年輕人、一個有學識的急救員、一個前線運動參與者以及一個大學生。這些身分驅使她於現場作出一些決定及行爲（例如留在現場幫手急救），以及對於運動及香港未來有一些見解。她的身分建構，有時是基於她對於另一個群體的特質的理解。例如，她對於「香港人不是什麼」有一部分是反射她對於中國大陸人是什麼的理解，她對於大學生應否出來前線是基於她看到中學生也於前線受傷，她對於什麼是前線又受她對於什麼是和理非、什麼算是勇武的理解。從她的經歷，我看到運動中不同人士的身分並不如想像中沒有改變的空間（not rigid），更多時候在於他們對於同類或極端不同類的理解有所改變。可是，這類identity fluidity是有限。N想像不到有一天她會變成她現在討厭的藍絲，因爲她認爲從根本上，與藍絲溝通是十分困難的，而且對方或許不願意溝通。所以基於溝通而了解的身分改變是有限度。

另外，與佔中不同，反送中運動是一個去中心化、沒有大台的運動，甚至其參加者對於大台很有疑心。反送中運動的內容及模式令參加者容易自發地參與不同角色，而telegram、連登等等讓參與者有即時快捷的溝通。參與者的自發性，加上運動的持續性，令她成為一個有自我效能感（self-efficacy）的運動參與者。N由旁觀者進化到前線，甚至人鏈站長，一方面是運動去中心化的特質讓人容易按自己的才能發揮所長，另一方面也是傳統抗爭手段失效的成果。政府即使以不同手段壓抑傳統抗爭手段如遊行、集會，不會讓市民停止以其他手段抗爭，或製作出另類的抗爭手段。對於政府根本上的不相任及不滿、以及對於中國大陸的厭惡，只會從夾縫中以不同方法表達出來。下一步抗爭是什麼很難預測，而抗爭已到達一個反應性（reactionary），而不是預防性（prevention）的狀況。可是，抗爭中的心理壓力，以及幾個月來積壓對於某些群體（例如警方、保皇黨、藍絲、內地遊客、內地新移民）的憤怒不會隨抗爭運動減少而被平息。相反，對於香港、及自己的未來的無力感，以及抗爭中的痛苦回憶更會增加對於上述團體的憤恨，形成一個不能被原諒的仇口。一個由沮喪及無力以來的憤怒，繼而由憤怒得不到釋放及問題得不到解決以來的無力感及沮喪，會形成一個惡性循環，嚴重影響個人精神健康，以及群體的融洽。

　　政府若以收緊個人自由，及以違反法治精神的手段「止暴制亂」，只會達到 「止暴」卻「製亂」的效果。可見有一代人決定不會原諒政府及中共的所作所為，這個世仇也只會為香港埋下一個更大的炸彈——社群之間毫不相任，甚至討厭對方；社會與政府之間亦不信任，即使所謂善政亦不會受人所接受。如何重拾社群間的信任，化解世代仇口，這是政府需要以人性、務實的方式處理的問題。

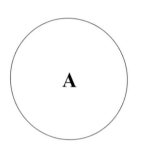

政府必須先保障
本土居民的民生利益

受訪者是於1984年香港出生的男士，大專程度，是一位自由工作者（以下簡稱A先生）。

訪問內容

對於香港自6月9日開始的動亂，A先生並無參與任何實際或網上的活動，無論是支持的一方，或是反對的一方，他的立場是中立的。可能由於他本人的性格屬於比較安靜的關係，他一向也不太熱衷參與大型活動或社會運動。此外，除了WhatsApp外，他亦不太常用社交媒體，如Facebook、Instagram等。原因是他的工作比較個人化，無論是時間方面或是性質方面，都不太需要利用社交媒體作為溝通，而在工作期間更不能用。

據A先生的理解，這場動亂的開始，是源於政府為了可以懲治在臺灣殺害女友一案的疑犯陳同佳，希望能將他繩之於法。然而，香港政府現時無法以相關條款引渡陳同佳往臺灣受審，所以提出《2019年逃犯及刑事事宜相互法律協

助法例（修訂）條例草案》（以下簡稱《逃犯條例》修訂）。然而此舉導致許多爭議。有相關人士可能擔心自己利益會受影響，或自己會被牽連，甚至會被引渡至大陸受審，所以極力反對，要求政府撤回修例。事件期後越演越烈，小事化大。至後期已經偏離了原本的撤回修例要求很遠，變成了部分人為搞事而搞事，最後引發出一個亂局。

在A先生看來，這場動亂確實揭露了很多方面的社會問題：

政府方面

特首與政府官員毫無政治智慧，政治敏感度太低，對推行政策亦準備不足，又沒有足夠的宣傳或諮詢。他們也輕視了《逃犯條例》修訂可能帶來的反應，在很多人反對的聲音下，仍不接受民意而強行推出，這種強權的手法令很多市民反感。事件同時顯示了部分香港人對中央的不信任，特別是法治方面。有少數人更寧願投向英、美，甚至在示威中揮動英、美國旗。這些人除了崇洋外，主要是對中國沒有足夠的了解。其實《逃犯條例》修訂通過與否，基本上對香港人影響不大。但部分人反應過度，過分恐慌，以致不夠客觀，並採取野蠻的手法來表達反對，行為極為幼稚。A先生更認為很多香港人有一種謬誤，以為香港對大陸有很大的影響力。但其實香港的地位，對大陸並不是那麼重要，只是香港人往往自視過高。

警隊方面

示威人士中，有勇武派以暴力破壞的手段來迫使政府答應他們的訴求。而走在前線與他們直接對抗的警察，便自然成了被針對的一群。有市民認為警察濫捕，但因為暴力不斷升級，為求阻止動亂繼續，在合理懷疑下對參與者作出拘捕，是有需要的。有無辜市民錯誤被捕有時也在所難免，市民亦需理解。A先生建議大家視之為警民合作，如調查後屬清白者必會放行。當然，確實有某些警員在執勤時有情緒表現過火的，但A先生覺得這也很難怪，因為警察也只不過是凡人。此外，市民對警察蒙面及不出示編號很有微言。A先生則認為這

是必要的，原因是很多警察已被起底，累及家人子女。至於警察在執法時是否有用過分武力？平心而論，警察在拘捕之時，總不能很有禮貌地，客客氣氣地請涉案人士乖乖被捕。市民需要明白，警察的工作權利和責任，就是維持秩序治安，所以警察肯定要比市民有更大的權力，才能有效執法。很多外國名人、政要、教宗等出巡時，不也特別加強保安嗎？有時甚至要出動防彈車，難道市民就要批評警方使用過分警力來保護這些人嗎？事實上，像香港目前的暴亂程度，香港警察已算相當克制。若然同類的暴亂發生於歐美國家，警察早已用真槍實彈來鎮壓，法國的黃背心運動就是其中一個例子。

教育方面

　　學生本來的責任就是好好學習，特別是中小學生，他們心智還未成熟，在未清楚事件的來龍去脈前，應該保持中立，不應靠邊站，更不應做法的事。例如禁蒙面示威既然已立了法，那就不應該戴口罩參與集會。對其他違法的人，也應該敬而遠之。但可惜，原來帶有顏色的言論觀念早已入侵了中、小學校，甚至幼稚園的課程內。從學生的書本及作業中，都發現這類顏色思想。A先生相信這個情況已經滲透了很多年，絕非這幾個月才發生，只是社會各界對此完全沒有及時意識。

媒體方面

　　對於有人批評香港電台是政府電台，不應該對政府的政策或運作冷嘲熱諷，惡意批評。但A先生對此反覺得並無不可。因為只要是媒體，無論是公營或私營，本來就應該中立地去報導事實，不論錯對，而並不是說公營電台便一定要護著政府。只是在這次的亂局中，傳媒的真偽並沒有任何制度監管，而他們的代表性也沒有任何規範，從以導致出現很多問題。例如有假記者證；有記者涉嫌阻礙防暴警察行動等。而部分媒體的偏頗報導，亦是事件不斷升溫的其中一個原因。

政客方面

有部分議員唯恐天下不亂，又有一些有心人借勢，對示威人士及被稱為勇武的一群加以鼓勵，並煽動那些知識貧乏的無知者或對大陸心存恐懼的市民，加深警民的對立，令事件更為惡化。

民生方面

這幾個月的動亂，看到整體社會的撕裂情況嚴重。市民因為不同政見而對立，很多家庭也是因為成員間意見分歧而產生很多矛盾，嚴重的互相在社交媒體裡「unfriend」、「unfollow」。市民的生計，無論是打工的或做生意的，都受到很大的影響。A先生覺得，若以為動亂便可以帶來政治上的改變，其實是很愚蠢的想法。

人性及素質方面

原來蒙面後，人是可以變成完全另一個人，能做平日不敢也不能做的事。蒙面人做出各樣衝擊、破壞的行為，就好像把網上的遊戲放了在現實的環境中，覺得刺激、開心、好玩。而在這幾個月裡，最為令人驚訝的，相信莫過於市民的素質問題。在這期間，出現了大大小小的，未經證實的事件或傳言，包括有少女的眼睛被射擊受傷，有懷疑是警察所為；太子站有一個時段被封，有傳是有市民死於站內；另外有少女浮屍被發現，警方調查後定性為自殺案，但有傳說是他殺。這些案件的猜測傳聞，雖然沒有任何真憑實據，有些還未有經過任何調查，但卻得到許多市民盲目地相信。這些市民過分信賴社交媒體，沒有分析能力，將是非黑白顛倒。此外，部分人為求達到目的，不擇手段，橫蠻申訴，用暴力破壞的手法來宣洩不滿，用欺凌禁錮來反對異見人士。他們對禁蒙面法作出的反叛及挑戰行為，也是毫無意義的。凡此種種，可見這等市民素質之低，是以往大家無法想像的。

A先生估計香港現時的亂局還會持續一段頗長時間，最快也會繼續至明年

中。這是因為由現在至明年中，還有很多特別的節日。年輕人是很富創意的，他們會加以利用這些特殊日子和機會，用不同的應節方式去表達訴求。比如說萬聖節可以用面具裝扮，挑戰禁蒙面法；新年期間可以用溪錢作為利是等。A先生相信，目前的情勢是騎虎難下。因為這場動亂很大可能是與貿易戰掛勾的，而那些在這場動亂中，透過沽空、平倉等交易來獲取利益者便是幕後金主。除非這些金主不再利用金錢利誘，不然的話，只要有賞金便會有人願意做出不應該做的行為。

對於個人及社會訴求，A先生相信市民都希望亂局能快些平定，社會能早日恢復安寧。他認為在現實生活中，已經有很多香港人在直接或間接賺取著人民幣。做生意的在一定程度上已經拿著大陸的好處（著數）。與其和中央對著幹，何不好好利用自身的優勢和機會，從大陸賺取更多的利益或金錢，令香港有更強的競爭力，這樣對香港人豈非更有利？

被問及假設這場亂局現在可以談判，雙方要如何讓步才能讓對方接受？A先生認為首要是勇武一方先停止所有暴力破壞行為，那樣防暴警察便不再需要出動，然後再由政府成立獨立調查委員會。雖然說已經有監警會，但始終市民對它沒有信心，怕它不夠持平。所以要有一個有足夠公信性、獨立的、雙方都能接受的團隊，以國際標準來判斷警隊採用的武力是否恰當。這是政府應該要作出的讓步。A先生也明白要調查負責執法平亂的警隊，政府是會有一定壓力的。但警隊也應該要理解，真金不怕紅爐火。A先生認為若他個人被查身分證，甚至被誤會而遭到拘捕，他也會支持警民合作。因為他知道，只要查清楚便沒有問題。

同時，政府日後在推行政策時，必須要更有政治智慧和政治觸角。管治團隊需要定期收集民意，可以邀請不同層面和界別的市民、義工等，在社會各階層討論民生議題，和更多的市民溝通。也要有有效的公關工作，讓市民看到政府是真心想改善施政和管理，漸漸取得市民的信任。特首還需要學習如何關心民生。特首要做市民的特首，要無階級觀念。不是高高在上坐在辦公室裡，而是較貼地的走進社區了解市民大眾的生活所需，不會連乘搭交通工具所費多少

都不知道。

　　至於修補社會上的對立和撕裂，A先生提議由政府組織大大小小的活動，鼓勵市民參與，以打破不同政見人士的不和，平伏大家的仇恨。他相信安排多些不帶顏色的活動，如清潔沙灘、慈善活動等可以鼓勵大家溝通，回復昔日的和諧。

　　香港社會確實有很多方面需要改變，但人的素質相信是最難找到改善的方法。現在大家已經看到，原來很多香港人是人心愚昧，水平太低，是非的認知好像出現了一個斷層，有一大批人很容易相信一些沒有證據的謠傳，所以除了學校教育外，加強家庭教育也是非常重要的。

　　究竟目前的局面是運動、暴動，還是革命呢？A先生將它定義為暴動。在他眼中，社會運動和革命兩者都是有較高尚的理念和動機的，兩者的分別在於運動是相對和平的，而革命是會流更多血和更暴力的。香港這場動亂，開始時確是一個以撤回修例為目標的社會運動，但由於表達手法變了質，偏離了原意，越走越遠，暴力和破壞又不斷升級，傷害了很多無辜的人和物。比方說，市民被逼罷工，交通燈被破壞，都是影響全民的。美其名是民主自由，但很多的行動卻與民主自由背道而馳。例如破壞某飲食集團，只要有中字的銀行店鋪都要毀壞等行為，就是無差別地損害自由貿易，很難會得到民眾的支持。所以不得不說它已經不能界定是社會運動，而是演變為一場暴動。

　　被問到未來的社會運動，將會用什麼方式進行時，A先生的回答是，這就要看目前這場暴動將會以什麼形式終結。因為這次暴動將會是未來社會運動／暴動的樣辦。如果這次勇武的衝擊行動被鎮壓成功，而社會大眾的評價是鼓勵和平理性的話，政府便要拓展一個市民可以用作溝通及達到訴求目標的平台。這種處理善後的方式，便可能成為將來社會運動的模式。

　　相反，如果暴動的人士獲得勝利，日後的暴亂只會不斷升級。因為越亂、越暴力、越破壞，爭取者會越快得到所想要的。若然得不到，必定會認為是力度不夠大。就好像家長在教導小孩時，要是小孩哭了家長便妥協，那小孩以後要想得到什麼，都會以哭來要求，越想要便哭得越厲害，甚至會砸爛東西，而

父母可能不想東西被破壞，不得不順從。這種可怕的後果正是目前政府面對的困難，所以政府不能那麼順攤（順他們的意願），也不能太被動，因為這一步走錯了，以後政府便會被這種爭取的手法要脅了。

什麼是香港的理想前景和制度？A先生說他相信他與大部分香港人一樣，覺得最理想的就是市民能安居樂業，人人有屋住，經濟穩定，失業率低，有工作，可賺錢。他認為比起很多地方，香港的社會福利制度已經很不錯，特別是醫療。相對外國，無論是看醫生的時間或是費用都比較好。但需要改善的是教育和房屋制度。很明顯，教育問題是間接或直接促成這次的暴動，所以才有那麼多年輕人參與。房屋方面，由於大陸人一起輪候公營房屋，香港本地人的輪候時間便拖長了很多。再加上多了勞動階層的大陸人來港，也導致職位減少，這些都是產生仇中的元素。因此，這些制度絕對需要改善並要加以限制，政府一定要先保障本土居民的民生利益。

至於國際地位，A先生覺得那是比較虛無飄渺，對實際市民沒有太大影響的。世界排名多少也不是太多香港人關心的。況且，就算香港以往在各方面排名很高，但因為近日的暴動，肯定會有很多不穩定的因素。反而，現在有更多人注意香港的，是她對其他國家的影響。香港有一個特別的價值，就是可以被利用作為一顆棋子的價值。以香港一個那麼小的城市，正常情況下是不可能如此受國際關注。絕對是因為她有被利用的價值，才不停地被其他國家的領導級人物提及，而登上國際新聞頭條。香港有東方之珠的美號，又是自由貿易港口，有自由的金融經濟體系，很容易成了被利用作為造謠生事的引火線。對香港人來說，可能寧願沒有這種國際地位。

訪問後感

九十分鐘的訪談，因為要問的問題很多，所以未能和A先生有時間閒話家常，只能從與他的對話以及他填寫的個人資料問卷中，對他有一點認識。

A先生是一個很謙虛的年青人，總說自己學歷不高。但從他的談話中，知道他沒有很多年青人終日打機上網的惡習。雖然工作和家庭都很忙碌，但他有時間便會盡量看書。他不容易相信道聽途說，而是會將收到的訊息加以分析。對社會問題時事，他都有自己的見解，不會人云亦云。他不偏激，看事情很到位。從他回答問題，可以看出他的中立。他沒有偏幫政府，沒有偏幫警察，也沒有偏幫示威者，只是不認同暴力行為。他認為政府確實需要改善，但也不能因暴力破壞而退讓順從，不然暴力只會不斷升級。

　　A先生很明白小市民的苦況，他認同本土香港人的利益不應被大陸人瓜分。他同時亦指出，今天的年青人上流是非常困難的，但他們也絕對不是沒有上流的機會。而從一些創意的文宣也可看見，有部分年青人也有很高的設計及組職能力的。但他們不能只一味羨慕或妒忌別人的收穫，而不去看看別人到底付出了多少努力，自己又願意付出多少。A先生年紀輕輕，不但有自己的事業，還住在自置的私人物業（供款中）。可想而知，他便是願意付出努力的過來人，絕對是年青人可以借鏡的好例子。

筆者如何理解社會及現在事件

現在的「持份者」和未來的「持份者」

　　很多人認為到2047年一國兩制協議結束時，今天較年長的已經年紀老邁，甚至身故了，所以今天的年青人才是2047以後的真正持份者。但問題是，還有二十多年才到2047啊！那麼，從現在到2047的這二十多年，誰是持份者？須知道，目前的香港是現在的持份者一手建立的。相反，大部分的未來持份者還未開始對社會有貢獻。那為什麼未來持份者有權去改變甚至破壞現在持份者接下來的二十多年的民生來為2047後作準備呢？未來持份者不是應該等到接近2047時，才去決定他們想要的？比方說你5年後退休了，你的得力下屬是理所當然的接班人，你公司會要你現在便聽他的？

話雖如此，若未來持份者要針對的是經濟、民生、住房、就業等問題，相信市民都會大力支持。因為大家都明白和認同這個世代的年輕人所面對的挑戰和困難。但這些抗爭者爭取的卻是民主自由。須知道香港的自由是世界公認的，民主也只是未有一人一票選舉而已。香港人由於從未有過一人一票選舉，不會覺得一人一票有什麼大不了。而抗爭者還要以暴力手段來爭取，所以更不得人心。為了懼怕一國一制時會沒有民主自由，而破壞現在的民主自由是缺乏邏輯的策略。相反，若香港能一直保持繁榮穩定，佔中國一個重要地位，一國兩制很可能會被視作好榜樣而一直延續下去。這樣抗爭者不是更能如願以償嗎？

　　我認為除很少數刻意破壞者及倡議港獨者外，大部分持份者都有很多相同的觀點：如香港政府管治無效，特首沒有政治智慧，贊成和理非，反對暴力，不希望看見香港人／家人／朋友間的仇恨和撕裂。但很遺憾，大家卻有一個非常大的意見分歧，就是一方認為警察是有責任及權力嚴正執法，而另一方則認為警察使用過分武力及濫捕（被稱為黑警）。

嚴正執法抑或過度武力？

　　作為行政管理人員，我深明定立法例規範和守法執法的重要性。法例是會過時的，所以要因時制宜。但在未更新以前，既存在的法例仍是要遵守的。無論如何民主自由的社會，法例和執法都是必須的。6月以前，香港人幾乎不會在街上碰到警察，更不可能看見防暴警察。香港幾乎每年都有示威遊行，但由於都是和平的，所以不需要出動防暴警察。這些便說明要有暴亂發生，防暴警察、速龍小隊才會出動。由於有些市民因誤會而被捕，警察被認為是濫捕，這個說法是有點反應過激。就像支持抗爭者的人士常說，市民明知抗爭者不喜歡異見的聲音，為什麼不懂得避忌，被打也是自找的。也有電台主持人說，明知地鐵有不合作運動，做丈夫的為什麼不帶懷孕的太太避開地鐵，這似乎也含有後果自負的意思。若用同樣的思維，大家明知有動亂，為什麼還不避開有被捕風險的範圍？

警察在執行任務時有否使用過度武力？警察的職責本來就是除暴。有人被賊人搶劫了貴重的東西，如果警察幫忙追捕卻遇到賊人反抗時，他應該放手嗎？如果他把賊人按倒了，而對方仍有還擊之力，那他應該要先肯定賊人沒有逃走或被同黨救走的機會，還是要先考量自己應用什麼力度的武力才屬適當？至於已經拘捕了，為什麼有些警察還要繼續打被捕者？很多人看到這種情況時也很不解，甚至感到忿怒。後來留意多了，大家才知道走犯的情況原來是很嚴重的，搶犯的程度是令人咋舌的。讓人想起一套電影裡解釋對疑犯為什麼不是只開一槍的對白：「連續射擊才可瓦解對方的還擊能力，這是飛虎隊的訓練」。然而樹大有枯枝，不能排除個別警察會有情緒失控或處理不當的時候，但總不能說所有警察都有問題，甚至要解散警隊。相等於有違法的醫護，我們不會不再求醫。有違法的神職人員，我們不會要求關掉所有教會。況且紀律部隊人員若然知法犯法，懲罰會更嚴厲，佔中7警便是其中例子。

　　很多和理非內心反對暴力，但仍同情與警察對抗的人。他們除了認為抗爭者是被暴政驅使外，主要是執著一個論點，就是警察和抗爭者的武力裝備「不對等」。他們堅持警察是有武力裝備，而示威者是手無寸鐵（起碼在六、7月時算是）。後來有暴力出現，但抗爭者的武器裝備還是不及警察的。縱使後期勇武派已經出動致命武器，但始終不是真槍，所以兩方的武力仍是「不對等」的。但實際上在任何國家城市，警察都是法律上賦予拘捕違法者及除暴的權力，所以他們合法佩槍。將違法抗爭者和警察放在對等的位置，在觀念上是不正確的。一個社會裡，各有其份，每個身分都有不同程度的權力，是不可能用「對等」與否去衡量是否公正。法官與律師在法庭裡的權力是不對等的。校長和教師，老師和學生在校內的權力也是不對等的。警力是否過度應該以既定的或國際的標準來量度，而不是基於「對等論」。

獨立調查委員會

　　和A先生一樣，我也贊成在亂局平定後，要成立一個獨立調查委員會。但我支持的不是只調查警察，而是針對整個動亂的前因、後果、過程、不同持份

者的角色和責任，作全方位的審查。包括深層次的社會問題，就是所謂「暴政」、始作俑者、罪魁禍首、策動者、煽風點火者、唯恐天下不亂者、散播謠言者、報導不實者、違法者、破壞者等等。政府官員、議員、校長、老師、學生會、教協、媒體、記者、記協、醫管局等也應包括在內。教育局更是責無旁貸，因為學生無從了解世界、中國、甚至香港的歷史就是教育的徹底失敗。當然，還要查出有否有幕後黑手、外國勢力、資金、金主等。要有一個全面的、客觀的調查，才能得出一個整體的、不偏不倚的結論，對政府及社會日後才有明確的指引，避免同類事情再發生。

總結

　　都說大學是象牙塔。的確，在追求學術的環境中，讓人看到很多希望和生氣。我在大學工作超過25年，服務的都是可塑之材、明日之星。學生是我們的未來，所以我很享受在這樣的環境工作。但自6月開始，所有香港人突然進入了一個陌生的、殘酷的世界。我們在象牙塔工作的人，感覺特別難受。沒有地鐵，只要減少社交生活；這家食肆被破壞了，可以去另一家；銀行櫃員機壞了，可以走遠一點，這些真的都不算什麼。但大部分香港人感到最痛心的，是不同政見人士之間的對立、警民之間的敵視和仇恨、家人之間的撕裂、朋友之間的反目。

　　看著年青人違法衝擊，看著小學生唱粗口歌，看著勇武兄弟被捕入獄，看著朋友打鬥刑毀，多少人因為這種種而流淚？多少人因為這種種而情緒低落？多少父母擔心子女而茶飯不思？多少抗爭者不知何去何從而失落？就是這些迷惘、無助、無望，才是我們最大的悲哀。再繼續罵政府警察會解決什麼問題？再繼續暴力破壞可以換到什麼結果？再繼續針鋒相對能帶來什麼好處？真的，是時候香港人要停下來，一起去找一個出路了！

　　短短幾個月，但好像過了一個世紀，很漫長很漫長。今天是2019年10月19

日星期六，非常意外地，附近沒有衝擊發生，所以有一刻難得的平靜。晚上經過我家附近的商場，有很多一家大小、情侶夫妻、親戚好友，就像以往一樣在逛街、飲食、購物、談笑。我看到很多溫馨的場面，突然很有感觸，眼淚不期然湧出。這麼美好的畫面如何能夠留住？香港人，就讓大家重回到6月以前的香港，好嗎？

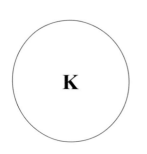

唯有普世價值落實，
才能改變環境*

*由編輯團隊摘錄自篇章

K今年27歲，大學畢業後，順利投身心儀的工作，態度積極，工餘時間參與民安隊工作。

K認為香港自6月9日起始的事件是運動而非暴動，他是這個運動的支持者。在運動初期，K未有太關注「反送中」，大致不知道發生什麼事，亦沒有興趣了解。七二一事件的發生，讓他不再置身事外。他對紀律部隊一向有好感，亦曾嘗試投考紀律部隊，但警隊在7月21日的表現，令他相當失望。他不明白當晚為什麼警隊未有出現阻止暴力發生，從他獲得的資訊，不得不讓人懷疑出現鄉黑合作。警方在知情的情況下，蓄意讓黑社會襲擊無辜市民，造成大量市民受傷。他在7月27日，與同學參與「光復元朗」遊行，亦是他平生第一次參與遊行。七二一事件讓他關注這場運動，他開始留意並分享網上示威資訊，在網上留言支持示威者，以及簽署網上聯署。他主動分享網上示威者資訊的目的，是希望讓更多人知道發生了什麼事，發揮自己的影響力，並表達不滿。他認為自己有責任譴責暴力和保護公民權益。

對政治的理解

　　這場運動爆發的主因，K認爲早期的確是針對「反送中」條例，政府硬推這條條例，令市民不滿，於是參與遊行。硬推的意思是條例推得太快，沒有足夠資訊，很多市民心裡不想條例通過，但政府自恃在立法會有足夠建制派議員支持，欲強行推過。而運動之所以持續，是因爲市民意識到政府往往忽視民意，民間的聲音不被重視，例如青少年時常要求多建公屋，滿足住屋需求；多讓年青人參與政治或社區事務；又或者近年中港關係並不和諧，很多人對香港每日批准150名中國新移民來港有異議。種種不滿，藉著「反送中」，讓很多市民漸漸捲入整場運動，成爲支持這個運動的重要支柱。至於雨傘運動的影響，K自稱當年對雨傘運動並不了解。

　　K在參與這場運動的過程中對於「光復元朗」遊行最深刻，因爲該次遊行並沒有「不反對通知書」，亦即代表是非法遊行。當天參與人數眾多，他大爲感動，看見有很多同路人，願意站出來支持這場運動。這是K平生第一次參與遊行，他對當天遊行的描述是「遊行是和平的，大夥兒叫叫口號，行來行去，表達訴求」。

　　K認爲反送中運動短期內不會結束，至少會延續到下一年。運動暫時沒有降溫趨勢，主要是因爲政府目前仍然以強硬手法處理。他曾以爲運動在10月份有機會完結，因爲國慶可能會帶來轉機。但現在國慶已過，政府亦不願意成立獨立調查委員會，在最近的施政報告亦沒有提出解決這場運動的方案，市民對政府的不滿相當高，他看不到可以結束這場運動的出路。K認爲政府應承擔最主要的責任去平息這場運動，因爲政府的人力物力較大，而市民以至各個界別人士可以做的事並不多。他認爲要平息這場運動，政府需要牽頭，最基本的是成立獨立調查委員會，減低市民的不滿，繼而推出相關措施，才能夠令參與運動的人數減少。

　　K相信要平息這場運動需要時間，因爲需要做很多事。往後，他希望政府能夠吸取教訓，推行重大政策之前多聽民意，回應人民的訴求。目前立法會的

代表性不足，往往能夠通過不獲市民支持的法案。政府需要落實民主，以大多數人的意願爲依歸推行措施，而不是強推政府自己想做的政策，一錘定音。目前反映民意的渠道並不足夠，大部分市民不會主動去向區議會表達意見，他亦懷疑通過區議員是否能夠將意見上達。在立法會，建制派已經有基本立場，一意孤行，不會站在市民一邊。前陣子特首成立了青年事務委員會，效果亦不顯著，對反映年青人的聲音沒有什麼幫助。K建議重要的議案，可以透過公投或民調廣泛地收集民意，以佐證立法會議員是否眞正在反映民意。

現時K最渴望的訴求，可以分兩方面，一方面是與價值觀有關，例如民主、自由、增加施政透明度、公平、公義等等。民主方面是要求政府的施政能夠回應市民訴求。公平、公義包括不容許市民有枉死、虐殺等情況，不能夠讓暴政黑箱作業。另一方面是祈望香港的經濟環境理想，向好的方面發展，才能讓市民的生活得到改善，豐衣足食。以青少年爲例，他們都希望找到一份理想的工作，但目前大部分的大學畢業生工資偏低（專業除外），在這個物價高漲的社會只能夠維持基本生活，難以好好計劃將來。房屋政策往往不能夠照顧夾心階層，福利政策偏向新來港移民，對需要交稅的香港人不公平。對於政府的無作爲，年輕人自然感到不滿，認爲政府幫不到忙，面對自己的將來感到徬徨，沒有希望；於是不會努力工作，亦不會計劃生兒育女，生活亦比較頹廢，這些都是負面影響。

K慨嘆在香港就算是專業人士要買車買樓也不是一件容易的事，他有向上流的動力，亦慶幸滿意目前的工作，但對他來說，要買車買樓、成家立室，仍然遙不可及。類似的情況、或情況比他更差的大有人在。事實上，要住劏房、低收入人士在香港爲數不小，情況比較惡劣。

雖然前路不是坦途，但K對未來仍有執念，他相信改善生活環境和追求民主自由等價值同樣重要。雖然民主自由等概念比較空泛，但這些價值是可以落實在政策上的。例如如何通過聆聽市民的聲音去解決地產霸權、增加公營房屋，讓主流社會的意見配合政府施政。又例如對中國的政策，包括高鐵、開通各個口岸、大灣區是否都能夠得到大部分市民的支持呢？K當然希望香港政府

不是只施行中央的政策，而罔顧香港人的利益。過往很多政策都偏重中央，例如自由行、150人新移民、學生要到內地交流、這種情況會讓香港依賴大陸，受制於中國的發展，香港逐漸失去自主性。政府縱容一些惡行，例如因為要吸引大陸遊客而忽視他們造成的衛生問題，引起社會不滿的聲音。

　　K認為這場運動，最基本的要求是成立獨立調查委員會，調查一眾市民關心的事件，例如七二一、警暴、大量死亡事件，還市民一個公義。香港一向自誇法律方面十分完善，但為何警察可以胡亂打人？獨立調查委員會亦需要建議相應措施，重建市民對政府的信心。K也贊成五大訴求中的「撤回暴動定性」，但假如示威者的確犯法，他認為需要為自己的行為負責。至於爭取雙普選，可能在短時間內未必可行。雖然他希望生活在一個民主社會，可以一人一票選特首，但亦理解香港作為中國的一部分，中國必定希望在特首選舉中有一定的話語權，這方面他相信中央不會輕易讓步，因為不希望出現一位反對中國的特首。他相信現階段如果香港市民和中央政府可以客觀地協調出一位兩邊都能夠接受的行政長官是一個較可行的做法。

　　至於香港人如何才能重拾對政府的信任，包括特首、行政會議、立法會、警察等等，K認為特首目前需要好好收拾這個爛攤子，提出修補社會裂痕的政策，然後再討論她是否需要下台，因為即使現在她立即下台，下任特首亦沒有義務去幫忙。行政會議需要吸納民主派，讓不同的聲音在會議出現。立法會的選舉要更公平，要擴大功能組別的代表性，取替公司票，要以一人一票選出自己界別的議員。至於警隊，要針對性地找出做錯事的警察作出調查和懲處。長遠而言，要在政策上作出調整，強調警察行使權力時依足指引，處理警民關係要和平理性，處理案件手法為大眾接受，以清洗市民對「黑警」的負面形象。監警會目前的認受性成疑，要增加這個機構的公信力。警隊內部亦應該訂立機制進行自我審查、自我提升，以挽留公眾對執法的信心。

　　K亦提出目前黃藍絲的撕裂亦十分嚴重，因為很難改變大家的想法。藍絲會認為現在黃絲人數眾多，所以他們的意見會被忽略。事實上，藍絲的意見亦是一種意見，在一個多元社會亦應該受重視。

這場運動對香港帶來重大的改變，這對K來說是一件好事。市民懂得爭取訴求，從前比較被動去接受政府的觀點，現在市民會主動爭取，表達不滿和意見。大家表達意見，說出心中不滿，在配合施政時會更積極和主動，因為這是大眾一起商討出來的政策。K亦發現這場運動讓香港人更團結，大家組織起來，推動整場運動，他亦正面評價這場運動的動員能力和分工。

K認為整場運動可以稱得上是一個「革命」，他對運動、暴動和革命的理解是這樣的。「運動」是一個活動，希望別人可以參加。「暴動」涉及武力、抗爭，可能會使用武器，例如使用槍械，不是和平手段。「革命」的爭取過程當中涉及重大的改變，可能是從冇到有，過程中經歷千辛萬苦，亦可能讓很多人由不認同變成認同，讓人有一種覺悟。個體不單參與在過程當中，思想上亦得到啟發，作出轉變。

對未來的展望

香港的核心價值包括自由、民主、平等，是存在的，可以感受到的。自由包含思想和活動不被限制。K認為民意過往被吸納，受到重視，而香港的司法制度亦能夠保障市民得到公平的對待。他慨嘆過去數月，這些核心價值受到衝擊。警察本應公平執法，但卻不逮捕犯法的人，因此沒法作出起訴，嚴重破壞司法制度。推行蒙面法亦讓市民喪失保護自己、不被針對的自由。要保留香港這些核心價值，除了成立獨立調查委員會，市民亦需要思考現行的制度是否依然可以沿用。例如警察如果不執法、市民完全沒有方法伸張正義，法例賦予警察可以進行拘捕，但對濫捕又沒有懲罰機制，而警權過大亦需要得到有效的監察和制衡。K建議首先要將部分警權收回，交由其他部門執行，亦要更新警隊相關的條例和權力，以杜絕日後再出現警力不受控的情況。除此之外，司法制度要強調法治而非人治，警察執法要跟隨警察通例，一定要出示警員編號。假如執法人員不守法，又如何能夠讓市民願意遵守法律呢？目前對警權的制衡失

效，犯錯的警員沒有受到懲罰，是源於警務處處長有法不依，警員之間互相包庇，視警察通例如無物。如何令當權者的權力受到制衡是目前香港需要面對和解決的問題。現在特首不獲支持，卻不能令她下台亦是這種情況。在司法方面，要彰顯市民的公民權力，應讓更多讓市民或更多團體作出起訴的機會，而起訴的權力不應只能由警方獨攬，因為目前律政司似乎未能制衡警方的濫告。

至於與中國的關係，K認為香港經濟有賴中國，需要保持友好關係。然而雙方需要作出更好的協調，好讓市民不需要受自由行帶來的困擾，或者忍受兩地對衛生以至文化上的差異。K亦傾向在新移民政策上以「本土優先」處理，讓香港人首先享有房屋、醫療等福利。

對於香港未來的想像，K希望香港人可以在一個開心的環境下生活，可以安居樂業，有舒適的居所，有穩定的工作並能夠發揮才能。在退休保障方面亦要確保長者生活有保障，不用捉襟見肘；同時解決醫療輪候時間太長的問題。他盼望長者能夠生活健康，退而不休；而年輕人可以有向上流動的機會，努力不會白費，不用擔憂成為樓奴，或者未能供養父母。只有這樣年輕人才可以安心計劃未來，立志成家，生兒育女。

K對「明日大嶼」計劃沒有抗拒，相信能夠為政府提供足夠土地，但他認為計劃太長遠，而「遠水不能救近火」，在土地政策上應該首先考慮棕地、郊野公園等用地。K認為房屋的確是香港目前面對一項嚴峻問題，需要去面對和解決。他建議政府在建屋方面應該更積極，不應該太依賴地產商解決房屋問題。K亦認同香港應該成為一個國際城市，促進香港人與世界各國城市交流和經商。

如何理解目前社會及現在事件

相約K進行訪談，他一口答應，我有些驚訝，因為他不是一位喜歡表達自己，說話滔滔不絕的人。K來自基層家庭，靠著自己的努力，在學業和事業上

都做出不錯的成績。在今年6月之前，他最關心的是個人的前途，如何為自己增值，有時候會為女朋友而煩惱，不時抱怨一下天價房屋買不起。跟大部分的香港年青人一樣，他對時事不太關心，會參與投票，但從不會與朋友討論政事。對他來說，政治離他很遙遠，而他亦沒有什麼可以貢獻。

「反送中」運動自6月開始，K並沒有參與100萬與200萬人的遊行。他會認為自己在可以發揮的場合投入會更合乎成本效益。直到7月21日他在電視上看見白衣人無差別襲擊市民，那種驚恐，那種害怕，讓他不得不深入了解事件。而他亦受無數個解不開的疑團困擾。為何警察在知情的情況下沒有在現場出現，阻止事件發生？為什麼在白衣人聚集的地方，警方一個白衣人也捉不到？原本，他以為自己生活在一個安全受保障的地方，是非黑白可以通過調查一一找出真相，而違法的人應該會受到法律的制裁。但以上種種正常發展都沒有發生，這個衝擊讓他不得不去面對制度崩壞的面貌，亦漸漸改變了K一些原有的意識形態，包括：對普世價值的理解、民主制約的重要和構建香港人的命運共同體。

對普世價值的理解

我是第一次聽到K提及民主、自由、公平、公義這些普世價值詞彙，然後能夠輕易舉出例子：「民主是要求政府的施政能夠回應市民的訴求」，「公平、公義包括不容許市民枉死、虐殺等情況」。K指出這些普世價值正是香港人的政治訴求，而更重要的一點，是他已經明白普世價值需要落實，才能夠令生活環境作出改變。他提到「雖然民主自由等概念比較空泛，但這些價值是可以落實在政策上的，例如如何通過聆聽市民的聲音去解決地產霸權、增加公營房屋、讓主流社會的意見配合政府施政。」K由從前認為政治離他很遠，到現在明白政府的每一項政策都與民生息息相關。對於一位青年人，一位普通市民，這種政治醒覺在一場「反送中」運動中衍生出來。

民主制約的重要

在這場運動中，K目睹兩個權力不被制約的情況。一是警權不被限制，二是特首不獲市民支持，卻不能令她下台。對於如何制約警權，K提出了三個建議：1.「最基本的要求是成立獨立調查委員會、調查一眾市民關心的事件」2.「將部分警權收回，交由其他部門執行，亦要從新審視警隊相關的條例和權力，以杜絕日後再出現警力不受控的情況」3.「要彰顯市民的公民權力，應該更多讓市民／團體提出起訴的機會，而起訴的權力不應只能由警方獨攬」。從這三項建議當中，可見K在爭取**人民的知情權，對執法人員的管轄權和相關的檢控權**。可以想像運動越拖下去，一般市民漸漸會要求政府下放更多權力，大大增加管治的難度。在制訂政策方面，「他希望政府能夠吸取教訓，推行更大政策之前多聽民意，回應人民的訴求」並「建議重要的議案可以透過公投／民調廣泛地搜集民意」。在政制方面，K建議「行政會議需要吸納民主派，讓不同的聲音在會議出現」，而且要「擴大功能組別的代表性，取締公司票，要以一人一票選出自己界別的議員」。K要求一個更民主，更開放，讓更多市民可以參與政事的體制。

建構香港人的命運共同體

「反送中」運動已經擾攘了四個多月，目前仍未有停止跡象。K對這場運動的評價是正面的，他認為「這場運動對香港帶來重大改變，香港人從前比較被動去接受政府的觀點，現在市民懂得爭取訴求」。他以「革命」界定這場運動，除了當中涉及重大改變外，「過程亦經歷千辛萬苦」，「讓很多人由不認同變成認同，讓有人有一種覺悟，個體不單參與在過程當中，思想上亦得到啟發，作出轉變。」K自己參加了平生第一次遊行，因為看見有很多同路人願意站出來支持這個運動而大為感動。而他亦在網上作出政治表態，支持示威者。

K直言除非情況十分惡劣，否則他有留港打算。他對前景是樂觀的，認為

人民的覺醒，了解自己的權利和義務，會令大家更主動和積極參與社會事務。這場運動亦彰顯了香港人團結，堅持不放棄的精神。

總語

受訪者K是我的補習學生，自他高考開始，一直看著他入大學，然後投身工作。這次訪談讓我深入了解他對這場運動的看法。我猜他亦通過這次面談釐清了自己的思緒。

我今年年屆60，在八九民運期間接受了自己是一個中國人，在香港支持民主派，間中會去參加六四燭光晚會。從1989年走到2019整整30年，我除了會參與遊行和捐款，大致上什麼也沒有做，但卻認為自己需要生活在一個民主和自由的社會。

這場運動，讓我不可以再裝睡，亦赫然發現香港的民主和自由已經變得如此脆弱，不堪一擊。除了痛心，除了關心，我亦有自問還可以做些什麼，但結果我仍然只會去遊行和捐款。膽怯的我，決定香港的未來屬於年青人，他們在這場運動展現的勇氣和決心，創意和團結都讓我佩服，令我安心。在訪問K的過程中，有三點讓我欣慰；

1. K將普世價值的抽象概念放到應用層面；
2. 他會對現況想出一些解決方法，儘管有些想法不成熟，但這樣天馬行空，或者正正就是要走出困局的不二法門；
3. 他對前景感到樂觀，他的態度跟我們這一代已經「呻到樹葉都落曬」出現明顯反差。

感謝各位帶出這個計劃，讓我與年輕人connect，亦藉此機會大模廝樣地交棒給年輕人，為未來的香港建立一個新面貌。

阿皿

因疑惑而求知，
因不甘而行動

因疑惑而求知，因不甘而行動

　　阿皿（化名），女性，個子小小，二十多歲，土生土長，來自香港一般居屋家庭，在大學任文職工作，自言本身政治冷感及「有少少藍」，曾認為陳同佳女朋友父母也應希望條例通過，認為大型集會可能是「人云亦云」、「玩泥沙」、「無計劃」。怎知，在這幾個月的經歷，她脫胎換骨。自2019年6月至11月，阿皿參與了接近二十次行動，包括現場捐款、網上捐款、物資捐贈、物資運送、網上聯署、罷工、遊行集會、當哨兵（現場情況觀察及匯報）。在風險與矛盾中不斷取捨，釐清了自己的核心價值，對香港人身分有更扎實的認同，對政局及前景也建立了自己的見解。她到底是如何走到這一步的呢？

如何一路走來？

認清自己絕非湊熱鬧

早在4月期間，阿皿到美國探訪好友，席間她與好友的內地男友用普通話辯論香港情況，讓阿皿切身體會兩地人民在資訊及及價值觀上的差異。這次與「他者」近距離相遇的經驗，開啓了阿皿對「我是誰」的反思。後來，在網上看到《砧板上》這短片，當中寓意若讓《逃犯條例》通過，就如肉隨砧板上，每個人也會有機會被政權及權貴為所欲為。自此，阿皿更留意相關新聞及資訊。看見6月9日那百萬人遊行，開始問自己應該是當中一分子還是局外人，希望親身感受發生何事。這些前期思想預備，為隨後的實質體驗奠下基礎。

6月12日的集會，是阿皿第一次深刻的親身社運體驗。當天跟上司說過不回辦公室後，便往政總出發。當時，沒想太多，也根本未知危險。阿皿與朋友同行，更有初中小朋友。為協助搬物資，去得很入。怎料，在這第一次的認真參與，便遇上催淚彈。人群四散，而她卻選擇流連至晚上。

> 我自己嗰日覺得震撼嘅係，夜晚八點幾九點喺條橋上面見到滿晒人。嗰個畫面好靚，同時我亦有想像到究竟係咩原因令到咁多人會出嚟，人群分開畀救護車過，感動，同時亦會覺得自己都仲係好outsider，雖然我喺入面。

這天以後，阿皿開始希望是自己是insider，隨後參與了多次行動，每次經歷令她更投入，每次掙扎令她更確定自己。

承擔義載／運輸風險

阿皿有自己的車，願意參與義載。她明白當中有一定風險，但覺得參與者之間有種無形的互信。她選擇不蒙面，認為車牌本身已展示身分，無謂遮遮掩掩。

盡可能車佢哋覺得安全嘅地方，咁其實有啲時候大家都會有戒心，咁我嘅confirm就係你會唔會有啲物品帶咗喺身，如果遇到roadblock嘅時候會唔會有啲咩問題呢，後來好啲嘅，因為一初期嘅時候，連私家車都會俾人check，就會覺得好危險，咁所以之後大家都會講明白，上車之前一定要棄曬文具（防護裝備）或者我都唔會介意打開車尾箱，咁上到車其實大家真係好少話會溝通，純粹達到目的，送到你安全咁我就走。

除了載人，阿皿也協助運送物資。運物資，承受另一種風險。在金鐘吃過催淚彈之後，阿皿開始思考自己可以做什麼。除了普通物資，也會想想自己可以怎樣支援前線。後來，她開始幫朋友運送保護力高、防禦力好的裝備。

佢會特登去入貨一啲保護力高啲，防禦力好嘅嘅裝備，咁佢想透過我睇下可唔可以都一齊deliver到，咁其實個量唔係好多嘅，佢好想有人幫佢出面，只係唔方便，咁我自己都要衡量個風險嘅，咁可能佢哋只係好想回饋番個社會，或者見到學生做唔到嘅佢哋都可以幫手做。咁所以有啲時候係做交收。

寧願獨行，提升行動果效

運動初期，阿皿與朋友同行，有個照應。然而，阿皿卻發現自己越來越喜歡獨行。考慮車子座位空間、時間、聚散地點等因素，她寧願獨行，以提升行動的彈性及效率。

好幾次我好想繼續留低，睇下有啲咩可以做可能係普通傳下物資，遮呀，或者點樣都好啦，但係身邊嗰個可能佢哋好快就會想走，即係可能去到一個我覺得未係發揮到任何作用嘅時候就走，我自己會覺得好失望，我對自己失望，因為我真係走咗，最後就會覺得有朋友喺度其實會拖慢咗我想做嘅嘢。

阿皿想自己可以做得更多。每次未臻完善的無力感，令她更想投入，亦令她越來越意識到自己不是因為個別朋友而投入社運，而是對整體運動深深認同。某次與友人一同去添馬公園集會，同行友人的舉止態度，令她更清楚自己為何需要獨行。

> 其實去到立法會門口就有好多人唱詩呀講野呀咁樣嘅，其實去到嗰度呢佢已經边喋啦，咁其實一路沿路銅鑼灣行去灣仔咁佢都會影相啦自拍啦企喺高點度影啦，咁但係我哋活動suppose就唔好影相嘅，咁就成件事其實好為難嘅，咁加上我哋全部著黑色啦，但其實唔著黑色都冇所謂嘅，咁佢仲要著白色裙好靚個嘅。自己諗返都後悔同佢一齊去。咁去到嗰個位嘅人唱詩歌，佢都問我幾點走，咁我諗咗好耐之後佢定同佢講我留多陣你走先啦，可能就係因為呢啲感受令到我又之後嘅諗法。

烽煙中或去或留，漸現風骨

某次，在金鐘夏慤道天橋上，大家已由中聯辦返回。阿皿與朋友一起，準備到金鐘站。正當他們和平散水之際，警察拿著槍，在他們毫不留意之時，送上另一次催淚煙。

> 咁一路上行嘅時候都見到有人準備上緊裝備，即係勇武佢哋，咁當我仲咪埋眼嘅時候聽到，佢哋就大叫：無裝備嘅走先，咁我已經企咗喺度，未行到，我個friend就捉住話衝一衝先，咁其實我喺入面聽到。好唔知道點樣形容自己感受。我會覺得點解我哋走先呢？因為當時我冇裝備嘅。我會諗點解走先，點解咁危險仲要出去？同時又會覺得大家嘅角色好唔同，可以去到嘅位置都好唔同。佢哋當時真係好似一排士兵，當煙霧彌漫嘅時候，佢哋仲要走入戰場。咁當時個friend就同我講，不如走啦，但我就話唔想走住，我想stay喺度。可能我真係幫唔到啲咩手，但我覺得如果走，我會好內疚，或者係咁掉低咗佢哋咁樣。呢一個係好深

刻嘅。呢個畫面其實都令我之後有多啲想做嘅野。

阿皿家住大埔，某次參與港島區集會，沒有駕車，仍然選擇獨行。

有一次我自己一個喺銅鑼灣東角集合，咁嗰陣個朋友話一齊，但係因為個時間唔係好夾，同埋個起點我又覺得無謂等，其實我係鍾意自己一個多啲嘅，因為我唔想成為負累，我亦驚我保護唔到你會內疚一世，所以我寧願係自己一個人，咁嗰次就係喺集合點嗰度，有幾個年長嘅，可能係四十幾歲的姨姨叔叔，咁佢哋見到我自己一個喺度，佢地問，你自己一個女仔呀，不如你跟住我哋呀，我哋可以保護到你。我第一次有呢種感受，因為有時你想自己一個人嘅時候，身邊嘅人未必真係好關心你做緊乜野，但係呢場運動，我睇到大家好似好take care身邊嘅人。我都好多謝佢哋，但可能因為我怕醜啦，咁所以之後我就自己唔知鼠咗去邊喇，可能自己一個比較自由啲。

在另一次在港島區的集會中，阿皿再次獨行，連如何回程也沒有想得清楚。

仲有一次就係我畀人載，呢一次就都係喺銅鑼灣，其實每一次去港島到我都好掙扎，因為會好難返屋企，同埋我自己唔會揸車，因為我知道可能係冇路返返轉頭。咁跟住喺排緊架車直返大埔嘅。排巴士條隊，其實我一直留意交通消息，但係未有update。咁我就喺個group嗰度問知唔知架車仲有冇，都有fake news既，跟住有個消息係話唔使再排啦冇車啦咁，當我自己去再揾嘅時候，我見到遠處我已經miss咗嗱嗱嗓嗰一班，咁應該就係last一班喇。收到最後最新消息係佢唔經維園直接上東隧。其實都唔擔心嘅，我自己唔怕流連喺出面，只要揾到個安全嘅地方其實就ok。後面有一個一齊等車返大埔嘅男仔，佢話佢家姐私家車嚟緊接佢，問我上唔上，咁我就諗咗一陣，應該都有危險嘅，咁我都陪佢一

齊去揾佢家姐嘅地方，大家好靜，可能係一種心照嘅感覺，好新鮮，感覺好似畀人救咗咁樣。咁其實揸車嗰對夫婦我都好深刻，因為其實係嗰個男仔嘅家姐同姐夫，個家姐就一直留意住個group有冇人需要家長接放學，而家姐都好想再返返轉頭，就同佢細佬講不如再返返轉頭車多幾個。深刻係因為，覺得原來都有人默默做緊呢啲工作，大家都好自發。

在家人反對聲下，越走越前

阿皿的家人由反對，其後默許，轉向支持，近來再發酵新的掙扎。父親本身很藍絲，一直都會覺得香港人所有資源由中國供給，期盼自己退休後能拿著積蓄到大陸過優質生活。6月中某日，在家人的WhatsApp group有輕微罵戰。

> 我爸爸知道我要出去（參與行動），就話呢啲嘢唔係你搞㗎，你搞唔到幾多㗎喇，留番畀人去搞啦。跟住聽到我好火，咁個個都覺得係人哋搞，咁嗰啲人係邊個呢？咁但係我喺個group好安靜嘅，我又覺得對住屋企人唔想針鋒相對，我都係淨係做自己想做嘅嘢，咁我好surprise嘅係我兩個阿哥幫我去講，因為我原本覺得其實佢哋都唔係好理，可能大家都生活穩定或者點啦，起碼都有人會諗下呢場運動發生咩事，

後來，阿皿父親的立場漸漸改變，一方面可能是阿皿哥哥的影響，另一方面是她父親主動瀏覽網上資料，掌握更全面的資訊。阿皿形容，某段時間，她爸爸變得比她更黃。然而，縱然父親已算是「黃絲」，他也不想女兒走到那麼前。雖然朋友為阿皿預備了一套裝備，但阿皿沒佩戴，因為她覺得「曬成副架餐明目張膽」可能會更危險。然而，阿皿會運送裝備給有需要的朋友。某次，在家出發時整理行裝，被母親發現，轉告父親，令他十分激動。

> 佢哋見到我pack嘢直情想過嚟搶我啲嘢，咁朋友都畀咗一支哮喘藥我，媽咪就以為你哮喘點解唔同我講，咁佢哋兩個好大反應，甚至我覺得佢

吔擔心到一個點係會講一啲好難聽嘅說話,想我唔好連累佢吔嘅一啲講法,但係我自己過濾到嘅,即係佢吔唔係真係咁嘅意思嘅,即係可能只係無所不用其極,想叫我唔好出去喇。

這一幕也讓阿皿更明白給家人趕出門口的學生們及小朋友,加上時近中秋,無法團聚,父母亦可能跟他們斷絕關係。再者,他們上公共交通工具前要棄掉那些裝備,而每副裝備可能值幾百至一千,令他們在經濟上雪上加霜。明乎此,令她更希望保護年輕人。

阿皿談到最近(11月中)有部分家人親眼目睹她在現場幫忙。家人反應令她十分矛盾。

從佢地既反應知道佢地呢一刻好支持,受感動,但好快下一刻就會覺得好氣餒,講啲好洩氣既說話。認為一直只見對方步步進攻,覺得做既野都係無意思。長他人志氣,滅自己威風。我認為係戰爭中既一大敗筆。或者比起藍絲言語攻擊,呢啲來自同一立場者所講既說話,對抗爭者既心靈傷害更大,因為連自己人都否定自己做既野。

家人由藍變黃,或由灰變黃既過程中,帶給阿皿一種疲憊感,亦有一些啟迪。她看到,在生活中聆聽異議聲音是個學習機會,可找出煉成所謂藍絲黃絲的原因,認識不同的處世態度。

所謂既「自己人」係咪要思想行動100%相同?從對呢啲說話帶俾我既感受,我再次體會,即使同一個陣營都會有唔同方向既意見,唔同力度既付出,對解決方法有唔同既諗法。所以自己人可能從來唔存在,但要相信只有自己才是最「自己」嗎?其實又未必,因為自己都可以五時花六時變,何須逼迫人永遠同自己同一諗法。

另一點更大的啓悟，就是她意識到香港人或許不應花力氣思考怎樣跨越彼此之間的「高牆」，而是需要一起打破這「高牆」。

當放開呢個自己人既執著，幻想中人類中間堅固高牆似乎瞬間變做沙堆，彈指可破……在高牆既一邊，有人一早已瑟縮一角一動不動怕哪一天會壓在身上，有人覺得置身事外只係諗點都好唔好搞到自己就乜事都有人想盡辦法爬過去侵略敵人既土地，我前思後想，我唔願意成為其中一種，好想有多一種可能性，或者係一種來自恐懼既勇氣，就係想粉碎呢道高牆，不為侵佔，只為令彼此土地擴闊，只為瓦解果一份對未知既恐懼。最近既思想好似又打開了一點，要破壞呢道高牆難免會受傷。以前自己無呢份勇氣，但宜家或者會將受傷看輕一點。

然而，那「高牆」是什麼？有幾高？是誰設下？形態怎麼樣？阿皿沒有進一步解說。或許，其實她自己也不太清楚。

對香港政局的見解

短視致核心價值被蠶食

阿皿認爲這運動早已醞釀，修例只是導火線，而不是火本身。2014年雨傘運動後喚醒了一班人，但那次醒覺只屬「口水戰」。阿皿認爲，表面上，香港的問題是「蠢」，她笑言「點解好似我咁蠢嘅人都會睇得出政府咁蠢嘅」。阿皿自言沒有什麼政治觸覺，但陳同佳案引來的修例事件令她看到政府居心叵測，也誘發其他持份者不滿。簡言之，政府是愚蠢地驚動了各方既得利益者。然而，其實這修例事件其實也是放大了一直存在的深層矛盾，令人明白香港法治並非理所當然，內地隨時可干預，中央政府也並非眞心支持一國兩制。阿皿認爲這運動有助重置社會秩序，就像洗牌，重頭再來。

她認為，香港問題是既得利益者短視，未能對將來有建設性的想像。雖然有很多商家都肯去反對呢個修例，但其實很多也是機會主義者，因短期利益支持示威者。

> 我自己就覺得其實係因為大家都太側重於去serve社會上嘅某啲人，所以當有呢啲事發生嘅時候其實係推倒重來，你生意嘅收入主要係來自呢度，而家就話畀你知，矛盾就係來自呢度，咁樣係好有利一啲小商舖去發展，我自己成日都講嘅就係物極必反，佢哋覺得自己一直立於不敗之地，但其實事實上唔係。

　　阿皿看到，在這次運動中，原來有不少人以放棄眼前利益，追求更高價值，要保住香港的司法獨立。

> 無論我以前小學上常識科，中學上通識科，司法獨立呢樣野係好遠，但係冇諗過到而家會近到如此地步，原來佢一干預嘅時候，我唔會講核心價值係言論自由，呢啲自由就係包括係司法獨立入面，所以冇就真係冇曬，所以呢樣野係要堅守到底。

香港人的得著與改變

　　基本上，阿皿認為這運動能鼓勵獨立思考，因為所有事情也需要「fact check」，這變相提醒民眾不要那麼容易相信表面論述，讓大家養成好習慣。然而，更重要的是這次運動／暴動，影響部分人的生計，在極端狀態中求生，個人深層價觀浮面。她提到被一位好朋友割席的經驗。

> 其實係由嗰陣開始覺得，俾我分清楚香港人有分好多種，其實真係因為佢先令我覺得利益呢樣野，係黃藍以外嘅另一種顏色，但我唔知利益係一種點嘅顏色。

友人的珠寶生意嚴重受損，怪責阿皿沒有從他的觀點關顧他的感受，繼而跟她割席。這一刀，刺得深。逼到牆角，雙方立場見眞章。這經驗，也令阿皿明白政治立場非單是意識形態，而是各種利益。正因利益關係多元多變，她又看到政局並非鐵板一塊，因爲利益關係改變，政治立場也隨之而變。再者，交流亦能帶來變革的可能。多交流，凝聚力量，或許能擴大支持圈子。

> 有啲人會話淺藍都可以變黃，但係深藍嘅就未必可以變到呢，咁我自己就諗，係咪真係呢，我自己都喺度論其實呢啲顏色可唔可以再變嘅呢，但係其實我唔願意將人去分類，因為人嘅改變係不斷既，只係at the moment係咁樣諗。

運動、革命、暴動

運動初期，阿皿不認爲這是革命，而只是站出來表達不滿的集會活動。她更表明自己在五年前是個比較政治冷感的人，自覺幫不了什麼。然而這次，她逐步投入參與，事態發展迅速。她認爲運動當今已演化爲革命，而她甚至不諱言這革命，可以是一種暴動，而且有法律代價。

> 對我嚟講，我覺得五大訴求唔係缺一不可，例如係撤銷暴動定性，但係對我嚟講，革命就一定係暴動，就一定係好激烈，同埋就係話釋放所有被捕人士，我就覺得誰怕誰，你咪攞啲証據出嚟，你有證據就拉囉，但係你（警方）嗰邊都要公平。

阿皿表明，革命可以等於暴動。暴動是較激烈的行動，運動是較被動的一種表示方式，而且緩慢。革命是破壞根基，運動只觸及表層。

> 革命我覺得係會有一個顛覆性嘅改變，但係就唔係從下場去判斷佢係唔係一場革命，即係係咪一定要流血一定要坐監，就唔一定嘅，但個手法

係一定激烈啲，同埋成個過程係好快，雖然可能有啲人會話搞好耐，但係對於我嚟講或者對於成個中國政權嚟講，唔算耐。以前嘅雨傘革命就只係79日，但最後嘅結果係突然解散，咁我就覺得我寧願佢last好耐，都唔好突然解散，起碼大家都仲可以有啲時間沉澱下，諗下仲有啲咩可以做。

可如何走下去？

整治警隊

當問及這場運動可以怎樣談判，雙方可以怎樣讓步，阿皿竟然這樣說：

> 我自己最大嘅訴求係解散警隊，因為佢一日唔解散，其實都有餘地去原諒啲咩，即係講緊被捕者同警察要公平之餘，你解決完呢個局面之後其實你係要解散咗佢。

某程度上，阿皿是指隨著衝突日益增多，溝通誠意的問題，已經轉化到警權過大這議題。目前的局面是當警察一出現，情境就變得混亂，她看到紀律部隊像有一個獨立於行政長官命令的制度。

> 宜家係連特首都控制唔到。我覺得其實佢哋而家係為自己而戰，比較senior嘅警官其實都嘗試控制個局面，但係junior個啲其實係失控嘅。睇返好多畫面其實都反映到佢哋而家嘅心理質素其實係好差，差到一個點可能佢哋已經唔覺得自己係一個警察，佢哋純粹係玩緊一個槍擊遊戲。但係個原因係因為佢哋有畀人譴責過。因為在位者控制唔到，佢又冇心解決，所以只係放任。所謂嘅紀律部隊，而家變左係自由發揮自己想達到嘅目的。

融入生活

　　當問覺得這場運動可以如何延續，阿皿認為現在是個樽頸，利益未能有有機有序地重疊，因而各方力量分散，各自為政。她對佔領行動的果效有保留。

> 有人會覺得佔領條路，佔領就已經可以贏㗎喇喎，但係其實呢樣野有乜可能，因為我自己都見到網上面有好多呼喚，其實可唔可以真係搞一次全民大罷工。但係其實例如，我哥佢係喺醫院做嘅，我自己都唔係好鼓勵佢罷工，你啲病人有appointment咁你就真係有責任要做，呢樣牽涉責任感嘅問題，所以用罷工成功爭取訴求嘅機會好微。

　　阿皿希望雙贏，就算「各自爬山」，也應要知道是「同一座山」。將運動融入生活，或許是出路。

> 我自己就覺得係應該要滲入生活入面，或者你從飲食平時揀嘅餐廳，或者係對於一啲事就係謠言止於智者，可能係睇新聞睇多啲角度，可能係平時搭的士，同的士司機講野都可以改變到佢嘅諗法㗎喎，交流多少少……即係如果我覺得將呢個運動放喺生活層面，可能每次食野都真係睇邊啲係黃絲藍絲，又或者係港鐵，係我都覺得佢好衰，但係佢都係畀人擺上枱，即係我自己都諗我唔搭港鐵其實都好多交通工具可以選擇，平時就因為懶唔肯諗，當可以滲入生活層面嘅時候大家好似靈活咗好多，原來資訊係可以咁四方八面，希望大家唔會變返以前咁會覺得「都係咁㗎啦，冇得變㗎喇」，有種奴性心態喺入面。

國際－中國連線

　　阿皿認為香港在國際上有好多戰線，在爭取民主的形象突出，優勢在此。

我都睇到好多嘅影片，有來自世界唔同國家嘅人去到內地做訪問，嘗試用一啲新嘅問題方式去問佢哋對於國家嘅認識，又或者有啲內地人都親自來香港去見證或者去尋找真相，即係我以前都唔會做㗎，可能係send啲短片畀我內地嘅親戚，畀佢哋知多啲或者講多少少，或者起碼有一啲衝擊掛，其實喺呢個世界地球村，大家嘅距離可以係好近，而家做嘅嘢可能係短期內未必即時見到果效，但係我相信嗰個力量係醞釀緊，國際多啲嘅交流其實對於大家融合或者係創造新嘅睇法，其實係好好，當呢場運動可能我哋覺得係好需要外國嘅所謂勢力去幫助，但係其實可能我哋不知不覺間都令到其他國家嘅人民或者係佢哋對於爭取民主嘅諗法有一啲新嘅提示，呢場運動我覺得我哋唔係孤單。

她認為當香港人將一切行動推到上國際層面，而當國際同時知道香港的要性，想保住香港這國際金融地位時，香港的司法獨立問題就自然可以成為外國與中國的談判項目。

所以我嘅期盼係可以見到香港新嘅一代主動擴闊國際視野。其實今次呢一場革命，我哋會好注重將消息新聞發放到唔同嘅國際社交平台，例如係twitter，或者係將文宣譯作唔同嘅語言，特別係去機場佔領嗰段時間，可以畀來自世界各地嘅朋友更了解香港發生嘅事。同時其實呢種唔同語言嘅文宣，係幫助無論係本地嘅記者或者係外國記者，方便佢哋將訊息傳遞……我覺得同外界保持交流，都應該要係我哋呢一代或者在新一代要養成嘅習慣。我可以想像到，如果我哋可以好好利用呢個方法，正正係藍絲所講嘅「勾結外國勢力」，其實呢個遊戲唔係有得玩。

阿皿自言並非追求香港獨立。她認為目前制度最大的缺憾是受干預。

我自己會覺得未去到話獨立咗出嚟嘅，參與運動嘅人其實可能有部分都

唔否定自己中國人嘅身分，但係而家呢場運動似乎唔單止係身分嘅討論，中國唯一可以安撫到香港人嘅就係可能實行雙普選，一旦有左雙普選起碼至少喺香港人嘅心目中，我地有啲咩自己負責，至少比我係可以自己去揀自己嘅將來，嗰個人係人係鬼我哋都冇得賴。

阿皿希望支持她們那社會理想的人越來越多，覺得中國大陸裡面的人其實都可能醞釀緊一場新嘅革命。

我記得有一次喺自己區嘅遊行，咁當時比較近警方嘅防線，咁當日我同一個朋友一齊，因為我哋都係住嗰區，所以都希望可以幫到附近途經嘅人知道可以去嘅方向，咁就係喺呢一個過程入面，見到有兩個內地女士，傾落就發現佢哋係好支持示威者，好深刻佢哋講咗一句說話：一直生活喺香港嘅人，唔會比佢哋更明白共產黨有幾衰，所以佢地希望後生仔會贏。知道原來當日港鐵好早就封站，所以佢哋個朝早喺深圳過到嚟香港，就即刻搭的士過嚟參加大埔嘅遊行。

她觀察到，這運動期間部分內地人會發現自己在現場看到的事情會與大陸媒體接收的資訊截然不同，尤其是會明白到那種「港人因爭取港獨而上街」的說法並非主流。當越來越多內地支持者開始了解香港聲音，力量便會形成。阿皿期盼，只要正義聲音在中國越來越大，中國內地也可以成為爭取民主的戰場。

訪問後感

訪問後，感覺複雜。
阿皿越講越起勁，越講越仔細，行動越來越前線。在連綿取捨中，她釐清

自己最堅持的核心價值。認清自己不是受朋輩影響、也不是受單一意念或事件影響，而是逐漸認同了更宏大、更高層次的社會價值。她在風險與矛盾中不斷取捨，活出公民意識及身分，對政局及前景也建立了自己的見解。

阿皿的獨特經歷，代表了她個人，也代表了一整代人、代表了香港2047的持份者。這報告的標題「因疑惑而求知，因不甘而行動」是阿皿的建議。由政治冷感到投入參與，可會是不少這次運動中年輕參與者的寫照。

令我深思的是，阿皿不諱言革命可以是暴動。阿皿她／他們一眾圈內成員，絕對明白暴動一詞的犯險犯法意涵。我也深信，她／他們也明白對家（執法者）會動用一定程度的武力。這種社運、革命、暴動的複合觀念，反映的不是阿皿等人不懂法律，而是香港新一代，2047的持份者，似乎壓根兒不認可這政權及其執法機關。在她／他們眼中，警隊系統早已被DQ、政權的合法性也早已被DQ。用暴力處置被DQ的「違規者」，一切變得「理所當然」。

我擔心，當權者自知無法管治，會極端地選擇Write Off一整代。中央領導人不會憂心香港沒有年輕人。Write Off香港一整代，內地輸入便可；就如活雞、東江水一樣。若然在位者真的帶著這種推土式治港思維，年輕一代以「攬炒」作回應，也算是自然反應吧。

訪問中，阿皿有這一句：

> 大家鬥長命，雖然習近平嘅任期係好似遙遠無期，但係始終嗰啲浪佢係頂唔到。

這令我想起毛澤東說過：「世界是你們的，也是我們的，但是歸根結底是你們的」。然而，抽高一線看看，你們我們，其實也是中央權力核心的「他們」。不同世代及政見的香港人，其實是唇齒相依，榮辱與共，這也是阿皿所謂「利益重疊」（共同利益）的戰略意義。群眾鬥群眾、世代互鬥，就是近代中國政局惡性循環的主因之一。香港的未來，可逃過這一劫嗎？

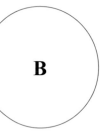

重要的是肯發夢，
有想像就有可能夢想成真

B是一個秀美的年輕人，白皙的皮膚、細緻的五官、柔順的頭髮、帶點英氣的神態自若，明明已經二十多歲了，看上去是十八、九歲的青春氣息。大學畢業後他從事設計工作，現正攻讀碩士課程。他來自中產家庭，父、母均有高深教育程度，家人關係良好。訪問前他要求研究員電郵相關的問題給他，他說想好好準備一下。他很容易就打開話匣子，自然大方地表達想法和感受，他對這場運動的投入顯而易見。一對一的訪談進行了近兩小時，其間沒有錄音，但研究員有作簡單筆記。

與運動的關係

B是這場運動的參與者，非常支持這場運動。他參與了大部分合法和非法（沒有不反對通知書）的遊行和集會，其間他有唱歌、叫口號、帶領叫口號、手持標語及宣傳物、派口罩、傳送物資、拍攝紀錄、張貼文宣等，試過一次打開雨傘掩護「裝修」（破壞店舖）的示威者。他歸類自己為「和理非」的抗爭

者，但會和勇武抗爭者聯成一線，他能理解後者的憤怒，也願意支援他們，他說近日在網上有在「禾」字邊加上「勇」字，設計成「禾勇」字，表示在這次運動中，「和理非」已跟勇武派結合，他同意自己是其中一員。

在沒有遊行、集會的日子，他會在社交媒體（特別是Telegram及連登）上分享訊息、相片、視頻，及留言表達意見、參加討論等。他曾到自己唸書的中學門口張貼文宣、在連儂牆上留言、捐款給支持運動的網媒、簽署網上聯署，也試過罷工半天、在大學取消課堂的情況下罷課。現時他會一如以往地罷買國貨、盡量罷搭「黨鐵」、罷食「藍店」。在一次抗議七二一事件的元朗區遊行前，他在互聯網上載了一張他設計的海報，宣傳遊行及呼籲市民參加。他又會回應一些有關這場運動的民意調查，例如對「禁蒙面法」的意見。

B自6月9日開始持續參與運動。參與原因很多，近因和爆發點是政府硬推「《逃犯條例》修訂」，他非常反對政府把涉嫌干犯大陸法律的人遣送到內地受審，他不相信國內的法律制度，也不認同中共政權的管治。「關乎人命啊！怎知拉了返去會怎樣？不可以！」他同意參與運動的原因其實累積多時，遠超過這條法例。他首先提到的是不滿政府花費巨額公帑建造一些不必要、不適切港人需要、或是造價過分昂貴的設施，例如元朗17億行人天橋、「明日大嶼」、高鐵、5000萬觀塘海濱音樂噴泉等。

他亦不滿每天150的內地來港移民名額，覺得大量的新來港人士會分薄有限的社會資源，加上他感到中、港文化不同，無論在語言、價值觀及行為習慣上，都有很多格格不入的地方，難以真正融合。他反對西九龍高鐵站一地兩檢的安排，恐怕中國政府會在站內管轄區拘捕港人。政制問題也是他不滿中國政府和香港政府的原因，他早已不滿功能組別選舉，2010年曾支持過「五區公投」運動，他認為現時的特首及立法會選舉並非他期望的真普選。

還有很多民生問題，例如房屋問題、貧富懸殊等，政府長期都無法提出有效政策解決。他形容現任特首非常「離地」，她常做一些顯示自己「貼地」的公關秀，卻更暴露了她對真實世界的無知和膚淺，她永不承認自己的不足，經常自以為是地強推這樣那樣的不當措施，尤其是一些偏向大陸的計劃和政策，

就使他為不滿。他認為特首有協調中、港矛盾的角色，作為香港特首，更重要的責任是向中方說明香港人的意願和需要、爭取高度自治的空間，而不是唯命是從。

歸根結底，他不認同、不信任中共政權，無論是價值觀、政治制度、管治模式、對港政策，他都不以為然。他說其實國內百分之七十的外資都是從香港引進的，既然要靠香港，理應要遷就多些，而不是打壓香港。他又特意聲明：「我是反對中國共產黨，不是反對中國。」他提到碩士班內有一位來自廣東的同學，很能融入本地同學中，大家相處、一起學習都無問題，他說這位同學能適應本地文化及懂得與同學相處，他亦很接受這位同學。

對運動及社會的理解

B認為運動爆發的主因是政府硬推引起香港人恐懼的「《逃犯條例》修訂」，但上述提及的對政府的不滿加強了運動的爆發力。政府的回應漠視民意，使用警力傷害示威者，因此激起市民更大的不滿和憤怒。

之前B已提過一些香港的問題，期後他再補充了以下幾點。他指出《中英聯合聲明》只列出回歸後香港的狀況，即維持行政、立法、法律、經濟制度及生活方式五十年不變，但就沒有說明具體怎樣管治香港，所以當中共政權插手香港的管治時，就算市民有所不滿，香港政府只能順從。引發這場運動的遠、近因莫不如此。他認為香港本身是一個國際金融中心（international financial hub），一向奉行的不干預政策導致其成功，相反干預政策肯定會導致其衰落。他覺得中共政權根本不懂得管治香港，越來越多的干預只會壓死香港，容讓它自治才會使香港健康發展下去。

他覺得這場運動也反映出香港管治班子的無能，他們不懂得及時、有效地解決問題，特首不能協調中、港矛盾，只會服從北京、為北京辦事，又頑固不肯承認錯誤。他舉例財政司陳茂波近也只是指出問題而非解決問題。另一例子

是大量新移民到港引起香港人不滿，應該先處理好民生，才讓大陸人來，但政府既無力與中方商討合理的新移民數字，也沒有公平處理因而導致的資源分配問題。

深刻的經歷及感受

B講及三件事，第一件是7月1日晚上，示威者攻進立法會大樓，他在家中自己房間內開了四個顯示屏全神貫注追看直播，包括《NowTV》、《蘋果日報》、《有線電視》及《立場新聞》，他忽然驚覺自己「原來可以咁關心這個地方的事，像是被吸進了顯示屏內的現場，目睹整個事件的發生。」母親在外面客廳看《TVB NEWS》，其他人都睡了，家中好像只得他一個人這樣關心這件事，他感到有點寂寞，也有些不開心，但他能深切體會到示威者的憤怒，也明白他們的行為的背後訊息，譬如某些前主席的畫像被打破、牆上的塗鴉、拉下口罩讀出的宣言等等。他對這些行為沒有反感，因為他能明白、能感受到這一切行為中有愛，那是對香港這個地方的愛，他們冒著被捕的危險，都要保護這個地方的寶貴特質不被侵蝕。在提到有幾位留守的示威者不肯離開，打算等候被捕，後卻被一群堅持齊上齊落的年輕示威者冒險進入大樓拉走時，他深受感動，他說：「那裡面有溫柔、有愛。」

第二件事是10月1日的遊行，那是一次沒有獲發不反對通知書的遊行，亦即是非法的遊行。那天人很多，初時一切看似順利進行，但較晚時候在灣仔修頓球場附近，人潮逐漸散去，他附近仍有大約幾十名示威者走在馬路中間，忽然有人大叫「防暴來了！跑啊！」眾人馬上發足狂奔，他回頭看見幾十碼外，有一組防暴警察向他們一步一步走過來，速度不算很快，但那種陣勢使他恐懼，立刻疾跑逃走，一邊跑一邊又反問自己：「我們為什麼要逃走？我們又沒有做什麼壞事，只是在步行而已，為什麼警察要追捕我們？」心中又驚慌又憤怒。後來在石水渠街附近又經歷另一次被追捕及逃跑，之前他未有過

上前線的經歷，但這天的兩次逃跑，就體驗到那種臨場的眞切恐懼，一直難以忘記。

第三件事是他開了一個連登戶口。自運動開始以來，他經常瀏覽連登網站，從中獲取資訊及了解運動的動態，但他並沒有戶口，是沈默的旁觀者。近他決定開立自己的戶口，因爲他要上連登網上留言、貼文及視訊、回應其他網民、參與討論等等。他覺得這些互動及資訊的交流對這場運動的持續發展很重要，他希望自己主動參與，及有一些貢獻。自開戶以來，他覺得和這場運動的連繫增強了，而自己的參與更直接，現在他是連登的一分子，是這場運動的積極分子。

整體而言，經歷這場運動，他深刻的感受是作爲香港人的身分認同大大增強了，這是前所未有的，他領悟到自己作爲一個香港人的獨特性，尤其是與大陸人的不同，譬如他覺得大陸人很重視金錢，金錢幾乎是凌駕所有價值的，香港人雖然也重視金錢，但就更珍惜某些價值，譬如民主、自由，他說少些錢也可以，重要是自由自在地生活，無須害怕被壓制。他又發現自己愛香港這個地方多了，感受到香港似是一個「小國家」，自己有一份歸屬感，「嘩！連國歌（願榮光歸香港）都有埋，眞係吖！」以前只會較注意自己居住及工作的地區，但現在會關心其他地區，想知道多些各區的情況，好像是愛多了每一區。

如何看運動的延續性

B相信這場運動會繼續下去，並會延續一段相當長的時間，因爲抗爭者的目標並未達到，他們心中的渴望絕未平息。運動發展下來，又衍生了很多令示威者更憤怒的事情，例如政府並沒有聆聽香港人的聲音、警暴、中共政權多方面干預等，使人看清楚政府的管治存在嚴重問題，這些問題都不是一朝一夕能改變的。這場運動其中一個經常提及的策略及目標是「攬炒」，從中可見抗爭者是不惜代價、不怕挫折和傷害也要抗爭到底，寧可玉石俱焚，也不會退讓。

他們痛恨現存的制度，反正「無得輸」，唯有「攬炒」推倒一切，才有一切重來的可能。

期望達到的目的、覺悟、犧牲程度

B期望這場運動終能達到雙普選、真普選。他覺得自己以前雖然都支持自由、民主，但卻是被動、較消極性的支持，經歷這場運動，他醒覺到要主動積極地參與，而且要長期抗爭，他的底線是不可失去生命，也不想被捕及監禁，至於錢、時間、智慧、能力等，全部可以付出。他現在會管好自己，學習多些有用的科技，善用各種社交網絡主動分享政治訊息及有用的資源，並會繼續參與及支援群眾抗爭活動。他不介意香港會因這場運動而經濟下滑，或是會犧牲了旅遊業，他覺得遊客少些沒有問題，香港沒有以前那麼富裕也無所謂，他希望多些人會關心香港現時的自由度被逐步蠶食的情況，而港人要有持續爭取民主的心理準備，如果多些人醒覺到民主制度對香港的重要性，並利用資訊科技吸引世界關注香港的情況，或者就可以逐步靠近運動的最終目標。而他會比以前主動、積極地去做他能夠做的所有事。

至於渴望的訴求，他說示威者的五大訴求都是他的訴求，其中他渴望的訴求是一個通過雙普選產生的真正民主制度，這樣才可以確保香港社會的自主、自由、公義及免受中共政權壟斷。其次他對警方的暴力非常不滿，認為一定要獨立調查，甚至國際審判，才可以改正警隊的不當行為，及平息公眾的憤怒。

假設這場運動能談判，B認為唯一能退讓的就是特首林鄭不用下台，由她多做兩、三年，但就一定要雙普選、真普選。但他又相信特首下台、換掉現任政府才可以修補社會撕裂，因為政府的民望太低，已喪失了香港人對它的信任。

運動帶來的改變

B認為，香港現時治安差了，警方以武制暴，事實上構成了更嚴重的社會混亂、不安及傷害，而香港人對政府和警隊的信任下降至可以說是已經沒信任可言了。有關B自己的轉變，上文已有描述，他說自己「似番一個香港人」，有了民族意識（指作為香港人的民族意識），愛香港多了，想要了解它多些、為它付出多些。經歷這場運動，加上近日家中有長輩過世，令他變得珍惜所有的一切，包括人、地、情。

他身邊的朋輩除了一人，全部都是反對政府的，例外的那位朋友因父親在國內做生意，比較同情國內的人及他們的看法，其實這位朋友並沒有激烈的反對示威者，但會不時提出很多問題來詰問朋輩小圈子內支持這場運動的人。另一位朋友初時和受訪者一起參加遊行，後來覺得沒有用便退出了，但近因為不滿事態的發展，特別是七二一、八三一等事件，又出來參與遊行了。還有一個在政府工作的朋友，他一直有參與這場運動，但他快要結婚，近日不大出來參與，他說婚後生活要有穩定的收入維持，要「保住份工」。

他認為這是一場革命，它始於運動，但已遠超過運動。他認為運動主要是訊息、思想上的交流。暴動是有使用暴力、有界限及可以平息的。革命則會改變或創造民族，並可以是無邊界、持續地影響世界的。

對未來的展望

他認為香港的核心價值是自由、民主、雙普選，要通過革命、抗爭去爭取，維持這些價值需要一個真正民主的制度。他引了在Instagram上看到的文宣，戴上面罩的勇武者說：「口罩內的空氣比外面的更清新」，意指外面的壓迫使人窒息，寧可戴上面罩繼續抗爭。

香港未來的社會運動方式視乎政府的管治方式，如果打壓越大，反抗會越

激烈。他相信除了現在已有的各種形式外，一定會更多使用科技、特別是資訊科技、及多樣化的溝通及資訊流動，其實抗爭者在這場運動中極具創意，已發展出多種新的抗爭手法和形式。另外，連結及聯盟也一定會更繁衍及多樣化，特別是加強國際聯繫，讓世界知道香港的情況，彼此學習及支持，從而對當權者施加更大的壓力。

他說有認真思考過對香港的未來想像，但因為變數太多，例如中國的政治經濟情況、領袖的更替、對港政策、香港人的反應及行動、國際形勢等各種因素的變化及互動。他說真的想像不到2047年之後的香港會變成怎樣，但正因為未來的不可預測，很多看似不可能的事都有可能發生。他說重要的是肯發夢，無框架限制地想像更好，有想像就有可能夢想成真。他以《立場新聞》為例：「他們只得十二個人，誰料到他們能做到今天的規模和質素?!」他再引「連登」為例：「連今次的運動都發動了起來！你話吖，當初誰人想得到？」

他分享了他的理想，他說希望香港能脫離中國，因為中國不會變，中國人已被洗腦，很無知。他說「等大陸俾天修，這是世界潮流，不可抗拒。」他喜歡臺灣，因為臺灣有民主制度、臺灣似一個小日本，他覺得臺灣人很有質素，和香港比較，兩地文化接近，不會對抗。他希望和臺灣人一起努力，香港和臺灣可以連結在一起。被問到何謂「連結在一起」時，他說即是「係埋一齊，什麼形式都可以，總之是在一起」。

被問及對自己的前途的想法時，他說不知道何謂前途，因香港的經濟、民生已被大陸嚴重侵蝕，不過他「已豁出去」，他要「做番自己」，能發聲便發聲，現在他的民族意識（作為香港人）增強了，清楚認識到與大陸人的民族意識截然不同，兩者不能融合，他說中國政府禁止人民發聲，這樣會使人變蠢，他們感驕傲的是擁有金錢，他絕不認同這種價值。他承認擁有一本外國護照，但只會在緊急關頭逃亡時使用，他不會移民當地。他喜歡東亞國家，懂一些韓語和日語，若有機會，也想去韓國或日本工作及生活一段時間，但他始終會回來香港，因為他是香港人，這裡才是家。

對訪問的分析及理解

感性投入是大的推動力

　　B參與這場運動的原因其實已累積多時，他隨口便說出多個不滿中、港政府的事例和理由，而「《逃犯條例》修訂」就成了駱駝背上後的一根稻草，這根稻草恰恰反映已存在的不滿，即政府偏從中國，罔顧港人利益，加上政府漠視市民的憂慮，使用強硬手法在短時間內通過此法例，這些都是驅使受訪者參與這場運動的原因。但真正使他全情投入這場運動的卻是一股感性的力量。

　　他形容自己被四個顯示屏的畫面吸進了抗爭的現場，使他全神灌注地目擊當晚的抗爭活動展開。直播打破了地域距離，視像的震撼使他如親臨現場，直面抗爭者的每一個行動及情緒起落，然後他覺得自己讀懂了抗爭者的訊息，建立了他和抗爭者之間的一種共同理解，他說：「那裡有溫柔、那裡有愛。」他被深深打動，投入了感情。他又慨嘆全家人只有他一個人關心這件事，感到有些寂寞，或許他當時也擔心抗爭者會得不到大部分香港人認同，所以自己一定要支持他們。

　　隨著參與各種抗爭活動，他找到各式各樣他能出力的方式，越是身體力行，就越投入這場運動。加上逐漸加強的民族意識和身分認同，即意識到香港人作為一個族群、及確認自己的身分是香港人（詳見下文有相關論述），就更堅定要持續抗爭，而持續抗爭又再加強他的身分認同。他對香港產生一種家的歸屬感，他說愛這個地方多了，願意為它付出。這些都反映到感情的投入，亦唯有感情的投入，才可以支持他參與運動的熱情，他開始理性考慮自己可以為這場運動做些什麼，於是有了要充實自己，要在互聯網上留下自己的見解、有用訊息及資源，及與人討論、交流。

參與運動強化香港人的身分認同

　　受訪者從參與這場運動中找回香港人的身分認同，首先作為運動的參與者，他就是千千萬萬參與者組成的共同體的一員，這個共同體由香港人組成，

相對於他們反抗的對象中共政權、順從北京的港府及「藍絲」群眾、「三毛五毛」（受訪者用詞）等，這共同體突顯了香港人的特質和價值觀，例如崇尚民主、自由、不服膺中共的專權。他們擁有共同目標，即五大訴求。他們之間雖然沒有領袖，但通過網上的交流及五花八門的文宣，亦能各適其適、有默契地朝著目標進行抗爭活動。

　　共同體的成員身分、香港人特質（相對大陸人及附和大陸的人）的確認、共同體的價值觀及抗爭目標、抗爭活動中的真實及網上互動等，都在不斷雕塑著受訪者的身分認同，作為抗爭者及香港人的一分子，他能對在運動中被觸動、或受到傷害的同路人感同身受，而當他在逃跑時感到恐懼，他也能想像及理解到前線抗爭者所經歷的恐懼。又因為抗爭對手的強大，眼見香港的經濟、民生日漸被大陸侵蝕，受訪者感到前途渺茫，不禁留戀尚在眼前的香港的一切，他把這種情懷與家中長輩逝去相提並論，說會更珍惜仍然擁有的一切。這種緬懷、珍重香港的感情，正是典型的香港人身分認同。

虛擬集體領導、個人自主參與

　　自這場運動爆發以來，「沒有大台」、「兄弟爬山，各自努力」、「不篤灰、不割席」是抗爭者經常標榜的獨特信條，受訪者的參與印證了這些原則的實踐，例如他上面並沒有任何大、小頭目指示戰略或分工，他是在網上得知運動的消息，亦瀏覽或參與過那些五花八門、七嘴八舌的討論，有時聚合了一些「共識」，有時沒有，然後他就憑自己的理解、演繹及想法去決定自己要參與那些行動，及在行動裡他做什麼事，他既可以自己創作，例如在某次遊行前設計宣傳海報上載到網上，亦可以臨場即興選擇他想做的事，例如帶領叫口號、幫忙派物資。所以運動雖然沒有大台，但是網上的傳訊及討論實際上是一個虛擬的集體領導，提供了宏觀的方向及某些並無約束力的原則，至於實際行動和抗爭行為，則是每一個參與者自發自主的。虛擬的集體領導承載了決定方向的道德責任，即抗爭者是爭取自由、民主、反抗壓迫，他們上街遊行、做出破壞的行為，不是為私利，而是為了對政權施壓，而個人的參與則是自由自主的，

他們可以自創或選擇參與方式，但是後果自負。「不割席」就提供了精神上的支持，即使個別抗爭者做過頭了，其他抗爭者是不會離棄他的。很多批評以為年輕抗爭者是羊群、是跟著群眾走，其實不然，他們大部分都清楚知道自己在做什麼、為什麼這樣做、能做到什麼程度，因為是他們是自主的，而且知道要自己承擔後果。

這種群眾抗爭模式的發展性、適應性及持續性是驚人的，傳統的抗爭領袖或領導層局限於個人或少數人的智勇和資源，領袖本身亦要有過人的魅力及道德感召力，才能吸收大批的信服者投入抗爭運動。曠日持久，領袖可能會燃盡（burn out）、分裂、或被厭棄。但虛擬的集體領導就完全沒有這些問題，它是眾人組成的，它是沒有面孔的，所以並沒有個人會被景仰或被唾棄。它是液性的，能適應時局及運動的變化。它大的威力是它容讓所有人自主自發參與，包括參與領導，並能發動廣泛而迅速的反應。正因為每個人都不是聽命於領袖，而是自主、自負後果的，每個人的參與都必然更為堅決、更願意運用自己的智慧和資源。這種群眾抗爭模式或可比喻為椋鳥群飛（murmuration of starlings）模式，椋鳥是體積細小的飛鳥，但上萬至數十萬椋鳥群飛時形成的巨大圖案，叫人嘆為觀止。牠們不似野雁，中間並沒有領頭鳥，但任何一隻椋鳥都可以（特別是感測到危機時）突然帶領轉向，憑著鳥與鳥之間的低鳴，及拍翼時震動的氣流，訊息在一瞬間傳遍鳥群，整群迅速向某方向俯衝或飆升，以對抗或逃避捕獵者。

新生代的想像：沒框架、沒禁忌、沒有事是不可能的

這場運動的參與者結合了老、中、青三代，但以青、少年一代走得前，付出的代價也慘烈。年長一代因為經驗或是既得的安穩位置，做事講求計劃，習慣計算得失成敗、付出的代價、可能得到的回報等，抗爭的目標偏向保守，「見好就收」的說法時有所聞，但新生代的想像全無框框、禁忌，他們是互聯網的一代，不會局限於一時、一地的見聞和思維。受訪者說因為變數太多，真的想像不到2047年會是怎樣的，但他立刻補充說正因如此，沒有什麼是不可能

的，緊要是肯發夢，有想像就有可能夢想成真，他不會斤斤計較得失，說「已經豁出去，能做的都會做，無得輸。」當問到他的理想時，他脫口便說出希望香港脫離中國，和臺灣人一起努力，香港和臺灣結連在一起。可見他心中全無禁忌，政權禁忌的港獨、台獨，在他心中口中，想講就講，是發夢也好，如果大部分年輕人都發這樣的夢，誰敢說就永不會成真？也許就是年輕人心中「沒有事是不可能」的想像，成就了這場波瀾壯闊的運動。

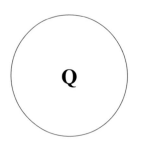

香港會失去本來的價值？

　　Q（化名）現年29歲，正在攻讀博士研究生課程，與父母同住。Q的家庭為小康之家，父母皆有大專以上學歷，但已退休，並以退休金為主要收入來源，平均每月收入為3萬到4萬，現居於九龍城區一私人樓宇單位，家庭沒有供房壓力。Q在受訪過程中情緒穩定，沒有表現出憤怒或激動，但感到對事情現況的無奈，透露父母政治立場偏藍，有時出現不想回家的感覺。

參加運動的動機

　　Q表示十分支持從6月9日開始的運動，並一直有積極參與，但他認為自己不會作為帶頭組織活動，主要以參與活動為主。曾試過現場捐款，於連儂牆張貼意見，於網上分享示威資訊及支持示威行動，網上聯署，亦試過罷課，參與遊行及於其間拍攝紀錄。Q表示自己是在6月9日100萬人上街那天開始參與這場運動的，參加原因主要是覺得政府一直以來的行政失當，令香港失去了程序公義，亦失去了社會公平性。他強調這些問題於6月9日前已存在，而這次事件

只是市民對政府嚴重不滿的表達，也是他參加這次運動的原因。這場運動亦反映出香港社會出現了很大的問題，例如貧富懸殊，多年來社會向上流動性大不如前，年青人看不到希望，香港的產業亦趨向單一化，選擇性少，他亦覺得公職人員是為了自身利益多於真心為市民服務，令整個社會的利益只是給一部分人以「分餅仔」形式去控制。

但令Q印象及感受最深的事件是6月9日100萬人上街示威，政府卻在同日晚上表明《逃犯條例》會如期通過，令他覺得這個政府已經無可救藥。而眼見局面已出現了多年，自己也無力阻止，感覺十分無奈，但這事件反而令到他覺得要學習自己所擁有的權利，只有這樣，才可以保護自己。

對運動前景的預期及期盼

在Q看來，反送中運動從6月9日至今已超過四個月，但在今日這種社會氣氛下，大和解可以在什麼日子到來，在現階段完全不能預測，主要原因是大陸人與香港人之間的矛盾加深，政府及社會也不見得可以妥善處理警暴問題。但Q預期暴力的示威在二至三個月後便會退去；以他自己的理解，當大部分一向極積參與的示威者也被捕，站到最前線抗爭的人數便會大幅減少。不過，和平示威方式可能會維持多年，但他覺得大多數香港人最後會將這事件的記憶沖淡，因為要為生活而忙碌。他有感往後示威者的參與程度可能會被經濟轉差所影響，如果出現經濟大幅下行，市民可能會更加積極反對政府。

我在訪問中感覺到，Q明顯是支持這次運動的，他希望可以通過這次運動改變現政制中所有不公平的制度，經濟上可以令政府不能再讓香港的產業太單一化，同時也希望政府不再從大陸吸納過多的低學歷低技術人口。他也明白社會作出重大改變是需要代價的。如果可以作出交換，他願意用香港五至十年的經濟發展去達成他心目中的社會改革。他覺得以被捕這種結果作為犧牲的手段是不智的，也達不到效果，因為這行為只有在運動開始時對政府或大眾有影

響，但在後期所能產生的效果會大大降低。

問到Q覺得自己或香港人在現階段最渴望的訴求，他十分肯定地表示，首要解決一定是警察暴力問題，其次是一些深層次的矛盾，如內地人口遷入問題也是大家期望政府去解決的。對於將來如果會出現與政府的談判，Q表明明白雙方在某些地方上需要各自向對方作出一些退讓。在四大訴求中（訪問時政府已撤回修列），他並沒有要求政府收回對是次運動的暴動定義，他的立場是認為雙方也有做錯的地方。他堅持政府要全面調查警隊，追究指揮的警隊高層，但他覺得可以特赦前線警務人員。另一方面，他也贊成那些干犯傷害他人的運動成員應該要以適當的法律程序去處理，但對破壞物件或建築物的人也應該給予特赦。在體制上他認為也可作出讓步。雖然對於特首的選舉，他始終堅持要一人一票選出，但提名的方法可以再探討，其中由立法會提名是一個可以考慮的選項。立法會組成方面，即使不是全面直選，而有七成的議席為一人一票選出，同時保留少部分功能組別，這方案是可以接受的。

運動對社會的影響

他認為要修補社會上撕裂局面的一個方法是更改現有不公平的制度，而新的制度應該要有廣泛共識，得到藍黃兩邊陣型的普遍接受。另外，亦需要設立獨立監察警隊的機構，但他強調就算政府進行這些改革，他也需要一段長時間才能再相信政府。

Q提到，這次運動也驅使他開始積極參與公民社會的活動，亦令他對香港政府完全死心，他對警察的印象也再進一步下降。可喜的是，他覺得是次運動令香港人重新團結起來，也引發出他們在抗爭中表現出創意，令原來死氣沉沉的香港充滿生氣。

雖然政府多次以暴動罪控告示威者，但Q認為是次事件應定性為運動。事件由6月9日開始到現在，民眾有著同一明確目標，行為一直在控制範圍內，也

沒有大量的私人財產被破壞或搶奪。他不認同政府對這次運動作出暴動的定性，因他覺得暴動應該是一種無差別破壞及搶劫的行為，而這次運動民眾有針對性的行為並不給予他暴動的感覺。他亦不覺得現在是進行著一場革命，原因是人民的訴求是希望香港回到從前的優良體制，而不是要求政府建立一種新的制度，他打趣說也許我們要在整場運動完結後，才會知道到底這是不是一場革命。

談及他對香港核心價值的看法，他認為香港的核心價值就是一種對錢的價值，香港人一直所追求的法治，其核心目標也是為了保障個人財產，他認為這種價值是在香港是有需要保留及維持的，但往後亦要加強公平及發展自由的價值。

對於現在的社會活動，因為示威不停受到打壓及警察的暴力對待，他預期勇武派及和理非會將運動從地上搬到地下，而和理非對勇武的支持也會從社交媒體等公眾平台過渡到非公開的參與。

總體而言，我覺得Q對香港的未來是頗為悲觀，他覺得香港最後將會完全失去自己本來的價值，一國兩制名存實亡。雖然香港人未來的生活方式不會大變，但這城市將會被政府全面政治監控，大公司會被中央政府控制，變相控制了人民表達自己意見的自由，香港將會走向中國特色的資本主義，他相信這種改變會在未來慢慢侵蝕香港，而香港在國際的地位會被取代，金融航空等這些香港本來的寶貴優勢將不復存在。

筆者對社會及社會事件的理解

由《逃犯條例》所引發的示威衝突由6月9日至今已四個多月，至今大家也完全看不到事情有解決的跡象。這次運動為香港歷史上規模最大、持續時間最長的一次。事件由政府藉臺灣發生的陳同佳案為理由，要求引入分別能與中國大陸、臺灣及澳門作犯人移送的法例所觸發，引發大量年輕人以抗爭方式反對

政府，再通過放任警察的行為，妄想以高壓方法壓下示威活動，結果導致社會大部分主流民意反對政府的管治及警察的執法，也把事件從地區政策問題，提升至國際外交的層面。

　　對於運動爆發的原因，不同立置不同立場的人可能有不同的看法及理解。中央及特區政府提出的分析認為這次運動的主因是香港房屋、土地不足所引致的「深層次矛盾」，但我認為這種分析並不合理。土地房屋短缺問題在回歸以後一直存在，歷任特首也面對同樣的問題，但為什麼只有在回歸22年後的今日才由這一代的年輕人引發呢？而從2003年開放的自由行及大量國內移民所掀起的「中港矛盾」也不見得是引發運動的主因。可以清楚看到的是，大陸人和本地人在運動中發生的衝突，是他們在價值上出現分歧而產生的個別事件，運動的目標卻主要在反對政府所推行的法案。而所謂的青年人缺少愛國教育更加是沒有理論支持，這次在抗爭前線的年輕人大多出生在回歸之後，對他們來說，作為中國人的身分應是正常不過的事情，而這批青年人也經歷過2008年之前香港對中國認同感前所未有地高的時段，明顯地，他們行為的改變是由於後期某些原因而導致的。事實上，對像我這批在九七年前殖民地時代出生的人來說，縱使我們並沒有接受大陸過愛國教育，我們也對其中國人的身分有一定認同感，而這些感覺也不是從愛國教育中得到的，可見青年人也不是因為缺少愛國教育導致他們走出來作激烈抗爭。

　　或許，以上所述的原因也可說是引起這次運動遠因或大背景。香港人過去對行使暴力的容忍程度都十分低，主流思想是大家應該以文明、合法的方式去解決問題。但於這場運動中，支持和理非的人反而跟實行暴力抗爭的勇武派連成一線，這正是令運動發展到今日局面的一個重要原因，歸根究底，我覺得這與政府在過去幾年在香港對文明制度的破壞，對法律的玩弄，如雨傘運動、DQ當選及參選議員等事件，造成主流大眾對政府的失望及憤怒有很大關係。另外政府亦習慣時常以歪理去為自己的行為辯護及推行政策，當地青年人慢慢發覺和平理性的反抗已不能表達他們的意見，通過代議士在議會發聲的制度也失效的情況下，勇武方向便在他們心中植根，並通過一次又一次重大的社會事

件加強他們需要作出了抗爭的信念，最後藉由特區政府想通過《逃犯條例》引爆青年人的不滿。

其實以香港人務實的性格，特區政府只要快速把事件定性為政策失誤，公開撤回法案便能很快把這次政治危機平息，可是政府卻以強硬態度回應市民訴求，結果運動在初期時政府已與市民形成劍拔弩張的局面。當然，政府後期以「警亂制暴亂」的方針是引起廣大市民支持暴力抗爭的一個關鍵因素。政府自己也一直沒有從反思中明白市民對警察的憤怒並不是因為他們在示威中拘捕抗爭者，反之市民其實也理解這是他們抗爭的代價，可是，大量從媒體上拍到警察對被捕者作出暴力的行為，完全超過了市民的道德底線，加之運動發展下去警察與普通市民的衝突日漸增加，失控的行為也令市民側目，至此令主流市民與警察形成完全的對立。從我觀察中看到的是，運動中出現的暴力程度，其實主要是受政府的反應所影響的，但諷刺的是，因為政府每每在決策上的延緩，使他們在運動中常處於被動角色。運動開始時其實大眾只有撤回條例一項訴求，因為政府對運動不斷作出的錯誤決策，新引發的問題產生新的訴求，到收回暴動定性，撤銷對抗爭者控罪，追究警暴，最後要求雙普選，所以當政府在9月份正式回應撤回條例第一項訴求時，根本不足以紓解由《逃犯條例》所引發一連串新產生的矛盾，正是政府應對運動的決策上遲緩的後果。

我認為這次反送中運動對香港社會造成的改變十分深遠。它不但改變了香港人的「人心」，也改變了香港人的行為。如果說2014年雨傘運動開啟了大部分香港人在政治思想上的解放，那2019年反送中便是使香港人進化到在行為上積極參與政治。當思想與行為一同覺醒，很難想像往後的政府再能以過往的一套方式去管理香港，尤其是當一大群社會一向被標籤作「廢青」的年青人覺醒起來，以他們對使用互聯網的熟練度，他們的創意，他們對公平社會價值的執著，將為政府往後的管治帶來麻煩，亦令香港更難走向新加坡式的威權政府管治。

有意見認為這次運動會使大部分香港年青人失去對中國民族身分的認同感，而將導致香港的分離主意抬頭。我對此看法存一定保留。港獨一直不是香

港主流的政治主張，在運動持續了四個月後，青年人雖然對中國人身分認同感大大降低，但港獨也不見得得到大量青年人的支持。這可能是因爲他們也擁有香港人扎根多年的務實思維，明白中港在經濟上互不可分的關係及明白到以港獨作爲抗爭目標不能得到大眾支持。以香港人利益爲優先的激進抗爭主義有可能會是往後在青年人中作爲主流的思想。可以預期的是，香港人在政治立場上將會更加像臺灣一樣兩極化，而結果令大家在面對政府施政的立場上趨向政治化。可悲的是，理性中立正是香港一個最重要的成功元素，也是香港社會在這個複雜的國際環境下保持穩定的主因，可是，如今香港社會大部人對事物取態已由中立走到兩極，這便是令我們感覺得香港已不再是從前的香港的原因。

阿明 政府應該害怕人民，而不是人民要害怕政府

　　筆者與受訪者阿明（筆名）是從網路上認識多年的忘年之交，一直都有留意對方在網路上的生活點滴與嬉笑怒罵。對於阿明在各個社會事件的參與及取態，筆者都有留意。筆者印象中的阿明，是個很有鬼才的年輕人，而且亦能夠運用自己的天份創立屬於自己的小事業，大隱隱於市。

　　阿明一向不刻意隱藏自己的政治取向，過往偶爾也見到他在網路嘲笑那些為建制護航的人，但他從未是社會運動的熱衷參與者。唯獨這次2019年6月開始的事件，他參與其中。問到他的參與程度，原來範圍甚廣，從最不費力的網上聯署、轉發示威者的文宣，到進一步走上街頭參與遊行集會、拍攝紀錄，進而升級到直接與警員對抗、協助前線防衛、打點物資及人員運送、甚至自己捐獻物資、在被驅散時參與救援及庇護行動、罷工，等於從傳統「和理非」到「勇武抗爭」，都有阿明的身影。

*筆者＝筆；阿明＝明

筆：你有沒有印象是何時開始投入參與抗爭運動？

明：6月9日。第一天，晚上9點。

筆：何以會如此準確記下了時間？

明：那一刻在前線見到警察的橫蠻行為，亂抓無辜弱者，實在令人看不過眼。

筆：那你一直都主力在前線衝嗎？

明：不算是，我更多是投入支援前線。

　　阿明繼續指出，林鄭對於6月9日百萬人遊行的回應，拒絕下台，拒絕撤回《送中條例》，是令他決心投入抗爭的原因。

明：《送中條例》與以往的變化不同，以往的事件可以思想上給自己躲避不理的理由，2012年國民教育影響是限於學生群體，2016年議員被取消資格影響最大可能只在參政人士，起機場第三跑道及港珠澳大橋花了的錢感覺好像也不是從我口袋拿走的，但《送中條例》不同，不論階層，不論立場，隨時帶走無一倖免。它們想抓誰就抓誰，想繼續在香港生存的都避無可避，想斬腳趾避沙蟲的幻想都不可再有，香港今次已無路可退。

筆：那你選擇靠近了街頭前線支持抵抗升級，這是很多香港人以往不會選擇的方向，何以你認為抗爭的重心是在街頭面對警察的一線？

明：政府的施政已目空一切民意，百萬人遊行無阻它一意孤行，如此強推《送中條例》，本身就是一種暴政的表現。這種暴政，已被證明不可以光靠幾輪網上輿論、或和平百萬遊行來消滅。它就只仗恃手上的警力來維持存在，警力就成為暴政的工具，而事實上我也目睹過警察濫用暴力、越權違規。警力本身就已是代表暴政，所以令政府不能仗恃警察，才是令它屈服的最直接途徑。

明：事實上，若不是今次有更激烈的武力抗爭，繼續停留在過往遊行完就了事

的層次的話，《送中條例》一早就暢行無阻，哪會有後來的撤回……？

筆：那你暫時為止，付出的代價大嗎？聽聞你受過傷，傷勢如何？

明：香港有人已付出了性命。我還可，生意與工作都耽誤。我曾經花過數萬元幫前線抗爭者保釋，雖則大家都講個「信」字，但那些錢都大概會是潑了出去的水，收不回來了。我斷骨已慢慢癒合，現在還會有點痛感。

筆：是如何弄傷的？

明：被警察打。他們完全不跟程序與規例，突然布袋矇頭就打，不會有可能追究得到誰對我動手。更荒謬的是，我最後沒有被檢控。當時具體的指控，我不便說了。回頭看來，別人的電話紀錄有過我的號碼出現，我就被盯上，毆打。

明：我算是自立，有自己的居所，總算可以暫時照顧好自己，財政上撐一會，看到不少年輕的抗爭者，他們的日子就難捱了。我親眼見到朋友的家庭瓦解，為參與抗爭弄得妻離子散。一位二十出頭的女義士與家人反目，被逐出家門，而她卻一直是個聽話的乖乖女。更震撼的是知道有大量參與抗爭的十來歲年輕人求助，零用花光，無家可歸。他們帶著校服與日常衣物，求助之前已自己苦撐多日，露宿、捱餓、一兩星期沒有洗澡的大有人在，離遠都已聞出一身汗臭。我帶他們回家就馬上推他們洗擦乾淨，然而其實他們沒有一個是不良少年，非常客氣禮貌，還替我執拾打掃家居。這些人物、情景，永世難忘。

明：若我們輸掉、或屈服、放棄，遭遇必定會比這更難看。看到那些年輕人，讓我更加印證自己的想法：輸了，就顛沛流離，所以這刻一定想盡辦法抵抗。

筆：那你呢？你有否評估過，若果輸掉，你會有什麼後果？你會承擔得起嗎？

明：那時香港人再沒有可在香港的生存空間，我會選擇流亡，在另一地方重新捱世界。我想我的專業仍容許我如此選擇。我也想像過會可能有性命危險，尤其當我親眼見過被自殺者的屍體之後，死亡的感覺突然很近，但當然，我希望能先留住生命去嘗試更多取勝的方法。

訪談對象對社會及現在事件的理解

除了談到阿明從6月以來的見聞，也問及他對整個社會事件的理解。

筆：6月以來的各個事件，就是《送中條例》加上政府縱容警察濫暴就可解釋
嗎？

明：遠遠不止，今次是多年來的屈辱大爆發。政府放棄與民眾尋求共識，改而
強推政策，可追溯更早時候。至少，從我求學時代記憶所及，西九龍高鐵
是強推的、國民教育的課綱是強推的、免費電視牌照的發放是有幕後意
志指使的、議員被取消資格的劇本也是被設計的。中共的滲透已到了無
所不用其極的地步，香港人一路「隻眼開隻眼閉」，刻意忍讓，中共還想
連香港人最基本的人身自由保障都拆掉，《送中條例》是點燃眾怒的火苗
而已。

明：6月以來的這場運動正反映出中共插手越發過分的問題，破壞了香港原有
的自由社會。大家知道了眼前的中共插手港人治港的問題已變得不能迴
避，這具體體現在《送中條例》本身。

筆：現在《送中條例》也撤回了，整個運動卻繼續燃燒，而且歷時這麼久，
規模也是歷來最大，參加者付出的代價也勢將歷來最高，你認為何以會
如此？

明：試想想，條例撤回，大家就此散去，清算繼續，警察以後都維持現時所
見的濫用暴力，不受約束也無從追究，我們還回得去（事件發生之前的社
會）嗎？五大訴求、缺一不可不只是口號，而是大家都知道缺了一個，香
港人都仍然是輸，而輸的後果是香港人不論立場都會抬不起頭做人。我不
知道其他香港人是否也如此想，我跟那些年輕人想法一樣，我們想贏回香
港，但也知道一輸就是輸全部，現在放棄抵抗也會是輸全部，那就所以堅
持抗爭。

筆：你說到想贏，那是想這運動可以達到什麼目的？

明：政府應該害怕人民，而不是人民要害怕政府。要讓它們知道逆民意而行，出賣自己人民，是不會有好下場。尤其以爲單是憑恃武力就可以維持管治，這想法絕對需要消滅。政權想震懾我們，我們也要震懾到政權。香港人現在所渴求的已遠不只是撤回條例，還是回到以前的香港，而是更加考慮到需要怎樣的方法來重新維持過往曾擁有過的免於恐懼的自由社會，那就只能寄望香港人能有直接的民主，實行眞正的自治。

筆：你提的是自治，那香港獨立呢？你如何看？

明：我不關心那些。我關心如何維持免於恐懼的自由社會，和具體實踐的方法。

筆：你覺得能夠達到目的的機會大嗎？

明：不知道，但我清楚輸的結果。已沒有選擇。

筆：那就假設政府受到人民震懾，願意回到談判桌。可以預期，它會提出要求人民退讓的條件，你可接受退讓嗎？

明：五大訴求是絕不能有退讓餘地的，尤其我沒有能力代表已經付出了性命的烈士。我不懂得如何回答，但我想像到，若是眞的最後需要有所退讓，那麼調停的平台，必須要是一個有國際公信力的平台，所有協議聲明都需要重新一次向全世界宣示，那我才會較相信協議會被落實。

筆：那協議的內容，人民該向政府要求什麼，以重建官民互信？

明：政治改革重組權力架構，政府及警隊解散重組。重新獨立調查事件發生以來的失蹤人口並查明死因。經過了今次，很多香港人包括我自己，都看清了香港人在目前政治體制下的危機及受害角色，我對現今特區政府只作爲中共代理管治者的體制已不再存有幻想。香港人要有眞正的自治權來維持自由社會，而不是只能寄望中共方面賦予。

筆：若要改組政府的話，那我該形容2019年6月以來所發生的，其性質是一場運動、還是革命？

明：2014年的雨傘是運動吧，但2019年我會認爲是革命。我會用街頭抗爭的激烈程度來介定，今次有人付出了性命，人民受傷、流血的程度都遠超2014年。政府頑抗的程度，運用警力的兇狠程度，也是遠超2014年，而且也見

不到它有意回到過去的狀態。

筆：那從短期來看，你認爲未來的社會運動，或革命，會以什麼方式進行？

明：現時暴力鎮壓有增無減，這不會撲滅大家的反抗意志，更盛大的怒火不能在街頭公開凝聚的話，將只會有更多的地下行動，程度是否激烈就難以估計。這很可惜，明明香港在《中英聯合聲明》的原有狀態已是對香港人、大陸，以及外國最有利的，偏偏大陸與香港有些人就想要改變它，讓中共不停干預。中國多年來藉香港賺取外國大量利潤，外國也願意認證香港這個在中國治下的唯一自由經濟體制。那保留香港原有的法治與自由，就最符合各方利益。中國未來其實仍需要像香港的這一種地方，難聽一點就是「中國春袋（陰囊）」。

筆：但是如果雙方下一步的行動都越發激烈，那不是離開理想狀態越來越遠嗎？

明：沒有暴徒，只有暴政。現在抗爭者只是就越發殘暴的鎮壓手段自衛抵抗，警察及其幕後的支持者才是破壞社會的根源。大家都知道，有警察的地方才會亂。

筆：容我在最後再問一下你的個人感受，若果時光回到2019年6月，你會同樣如此參與嗎？

明：不會。若我一早知道香港人會如此受到鎮壓傷害，我只會更加盡力救援我能幫助的人，更早組織更有力的抵抗，不會在考慮別人的看法上猶豫太久，我只想更有效快捷保護我愛的地方及我珍惜的人。

筆者對社會及現在事件的理解

筆者是夾在戰後嬰兒潮與是次研究之受訪對象之間的一代。總算對這兩個時代的人都沾上過一些共同經歷。父母那一輩人離鄉背井到香港謀生，筆者也就生於獅子山下七層徙置區之中，親眼見過母親搬上新市鎮廉租屋之後，終於擁有一個獨立廚房空間的喜悅。那個在獅子山下相遇，老實勤懇就可安居樂

業，對「明天會更好」從不會有任何懷疑的時代，並不是嬰兒潮一代所虛構。1997年香港主權移交之時，筆者正值高考，與同學一起在家中觀看主權移交儀式之時，「明天會更好」也是一種不證自明的概念。

然而大家都曾記起，香港經濟轉型早在九十年代初就開始，1998年金融風暴後，超時加班工資走進了歷史。到2000年科網概念熱潮，至2002年爆破，香港人經歷五六年痛苦的經濟調整，職場上人人自危風聲鶴唳的情景，令筆者開始懷疑前人的經驗是否可以簡單重複。當然，在後來經濟跳出2003年谷底之後，香港人也總算仿傚前人經驗適應下來，但也同時目睹，隨著大陸經濟崛起，香港人在大陸從事中高層管理工作的機會大減，紛紛回流。像阿明一代以後的香港人所面對的生存環境，只會有更多的挑戰，更急促的變化。明天，對他們來說，更多是疑問。

「明天會更好」又是從什麼時候開始被當成是空話？是否就光光只是因為買不起居所，就會看不到將來？如果只是錢與樓的問題，社會亂象倒是容易解決。事實上，訪談對象阿明是在這充滿挑戰的時代的成功生存者，三十未到已有私人物業與公司事業，錢與住屋對他來說都是已解決的問題。與此同時，在阿明接觸過的年輕學生抗爭參與者，都不是習慣到處遊蕩的不良青年，當中家境不俗，出身名校也有不少，何以都願意冒著押上自己前途之險，在這時這地拼死一搏，去「光復香港」？這顯然已不是錢與樓的問題，「我要買樓」也從未出現過在他們的訴求之中。

「獅子山下」的傳說不是虛幻，卻已是過去；香港人尤其年輕一代失去了對自身未來的掌握也不是錯覺，卻是現實。阿明也點出過近年來的多個中共插手干預香港人意志的事件：高鐵的興建是強推的、國民教育課綱也是違反眾意的、電視台不是服務香港人的、港珠澳大橋、機場第三跑道、口岸工程都是用來取悅別人的。另一方面，香港普羅大眾也見識過銅鑼灣書店事件的恐懼是實在的、中資勢力籠罩香港向異見者施壓是實在的、香港人的被選舉權受損也是已發生的、《送中條例》帶來的人身安全恐懼也是揮之不去的。這一切種種揭示香港人對自身未來、甚至安危，都已不能掌握，現存的僅有卻又日漸乾枯，

試問又怎能令人再相信「明天會更好」？

在此稍為跑開主題，比較說明一下，有些前輩人士非常愛好用新加坡例子來教訓香港。其實她在2011年關閉了從市中心直通馬來西亞柔佛的鐵路站，並搬到邊境，及收回鐵路沿線的地權；在2019年重新對新加坡吉隆坡高鐵項目談判，最後協議延期興建；在2003年馬來西亞和新加坡就德光島填海問題的爭議，曾交由國際法庭仲裁；還有新加坡向馬來西亞買水價錢遠比香港買東江水便宜等等。這些都是在香港媒體較少受注視的消息，然而那都說明了新加坡與香港一些本質上的不同：新加坡從獨立中獲得自治，這自治讓新加坡領導人只需主力專注為本地人謀利益，同時保留新馬合作經濟互利的空間。

受訪者阿明的政治取態有一點值得思考，就是先不要將「搞獨立分裂」的帽子扣在年青人頭上，何不仔細反省一路以來「港人治港」的概念實踐了多少？光是找一個有香港身分證的人治港就等於「港人治港」了嗎？

一眾香港年青人呼喊的是「光復香港」，說清楚一點，就是還原一套根據共識來管治的制度。也許，他們也希望能夠親身體現嬰兒潮一代人所信仰的「獅子山下」美麗傳說，活在一個能靠勤懇工作就能改變命運的社會。同時，年青人希望在社會有持份，這種持份的渴望不是排他的、非自私的，而是希望彼此的未來能建立在共識之上，體現於普選的訴求之中，也與奪權的概念相距甚遠。

可惜的是，對話之門在6月9日晚上就早早閉上，帶來了絕望。到6月12日的鎮壓，6月15日的一位青年殉身，以性命控訴《送中條例》。不用到七二一元朗恐怖襲擊，香港人的絕望與忿怒，不論年齡與階級，早已被推到一個極端。這種政府帶動的絕望感，烈士犧牲的震撼感，也可以解釋到，何以阿明會反覆指出：一旦輸，就是全輸。輸給《送中條例》是輸，輸給警暴也是輸。於是選擇付出極大代價也抵抗下去。

這種官民之間互不退讓在歷史之中不是新鮮事，但仔細分析香港之局，不難發現其震央所在。香港在地理上不是中外接壤，但在經濟金融地位上、政治意識形態上，就是中外板塊接壤之處。說「自由」二字，一邊理解成「免於恐

懼的自由」，另一邊理解成「喜歡幹什麼就幹什麼」；說「民主」二字，一邊理解成「主權在民」，另一邊理解成「民主集中」；說「人權」二字，一邊理解成「把人當人，不干預彼此應有權利」，另一邊理解成「吃飯」。能熬到在1997之後的廿二年才爆發磨擦，可能已是一個奇蹟，不得不說香港人很會忍耐。

一個特首，要侍奉兩個信念不同的老板，根據簡單的博弈理論，他會倒向賦予他權力的一個，無視除了罵卻不能對他怎樣的一個。哪怕後者開出200萬人表態、八成民意反對的數字，他就用上14億的分母作理由，撇掉700萬的心理負債。那就不難解釋，特區政府何以斗膽用三萬警力，與八成民意作對。而在二十一世紀的世界，將百萬人撇賬，在世界任何角落，也許除了中國，都認為是一件瘋狂的事。可悲的是，有人正在陷於這瘋狂之中，一種蠻幹、讓香港「人滾地留」的意識正在吞噬香港，凡是香港人，不論立場都將無一倖免。

「……山河破碎風飄絮，身世浮沉雨打萍。惶恐灘頭說惶恐，零丁洋裡歎零丁……」正處身世界兩大板塊碰撞活躍期的香港，很難會再有對前景樂觀的理由，明天不會更好。香港現今經歷民主這一課，是要倒向如中國歷史長河中，趕盡殺絕之結局；還是擁抱現代文明，作重修契約之模範？一念天堂，一念地獄。

阿K 何以要抗爭？

緣起

　　班上有位女同學阿K（假名），每逢課堂問問題時，她都積極回應，有時要同學出來在白板上寫下自己的看法時，一般情況都鴉雀無聲，你眼望我眼。但阿K都往往首先舉手，自願出來分享。印象中眼睛圓大、笑容甜美的阿K是一位聰明好學的乖學生。

　　今年9月開課時，這位同學沒有上課。通常第一週課堂總有不少同學因種種原因缺席，老師早見怪不怪。碰巧在選課安排上要給這位同學一些意見，所以在下一課的中段休息時約她面談。還未待我開口，她已搶先解釋上週缺課是因為去了機場「發夢」。從未想過此二字會出自斯文乖巧的K口中，心中頓時有點焦慮。自8月14日起，機場已取得法庭禁制令，任何人若再堵塞機場，都有被控藐視法庭的可能。K完全不像一般人印象中的「激進」示威者，什麼促使她成為抗爭者呢？我們年長的一代可能真的與年輕人脫了節。這個疑問促成了今次的訪問。

年輕人的不滿

「我們這一代大都是『黃』的，很少人不支持今次的『反送中運動』。」K對香港的未來感到迷惘。經濟方面，樓價高不可攀，她不知何年何月才有能力買樓。學校方面，國內來的同學都很勤奮努力，她在中小學時已見到國內來的同班同學十分發奮向學。K認爲假若沒有他們，資源便不會分薄。「例如獎項，香港同學拿到兩個獎，他們便拿到四、五個。」社會方面，「內地來的專才資質都很強，很有競爭優勢，令香港人的機會減少。」

政治方面，K不想香港變成中國大陸那樣。「我的朋友也是97年出世的，他也說我們要燃燒生命，不要讓香港變成中國那樣極權專制」。

K出生於小康之家，父親是文職人員，是典型專注於生計的一般市民，上次區議會和立法會選舉，他都沒有投票。反而K和她的母親都有投票，都是投給泛民議員的。2014年雨傘運動時，K還是中學生，雖然她的男朋友也曾在佔領區坐過，但她基本上是不了解當時發生什麼事，對那個運動的印象模糊。但後期出現的梁天琦給她很好的印象，「很喜歡他，梁天琦說話很有道理，很突出，有領袖形象」。

參與示威

K首次上街集會是6月12日包圍立法會那次。6月9日100萬人上街遊行示威，反對「送中條例」，但特首林鄭月娥竟然當晚便宣布條例在6月12日立法會二讀辯論，完全漠視民意。6月11日深夜起，市民自發在金鐘及中環一帶集會及佔領街道。K也打電話問朋友，會否與她一起在12日早上，去政府總部及立法會附近支援。當天早上9時左右，他們便在龍和道附近與其他示威者一齊。與警察對峙時，K感到憤怒。「爲什麼他們幫不正義的政府壓制市民？最初我們怒視警察時，他們還會避開我們的目光。」但以後的警察已變得濫權、

濫捕、濫用武力，並稱呼示威者為「曱甴」。示威者也以「狗」或「垃圾」稱呼警察。K當日只在示威者後排傳遞物資，但她感受到大家的團結。

當日傳出，下午三時後警察會清場，K及其他示威者一度躲到統一中心裡。上午時候，立法會主席已宣布延遲會議，下午更宣布取消。K稍後便離開。她回到家裡看電視新聞，知道警察三時半左右開始清場，鎮壓場面非常暴力。家中嫲嫲還讚K回家得早，但她內心則感到歉疚。當父親看到電視畫面有「速龍」（特別戰術小隊）打一綠衣示威者時說：「打得好」，K忍不住回話：「幸好我早回來，否則被打的是我。」她父親聽後不再作聲。

6月16日「民陣」呼籲在維園集會遊行，再度抗議政府沒有正式撤回《逃犯送中條例》及6月12日警察使用過分武對付示威者。K的父親屬於「淺藍」的，所以沒有參與當日的和平示威。但K的母親是「黃」的，所以參加了該次集會。當日K的男朋友和另一男友人都有參加。是次遊行有200萬人之多，是香港有史以來，社會運動參與人數最多的一次。這次遊行之後，K有一段時間沒有再參與遊行示威。

8月5日全港大罷工那天，電視上直播警察在黃大仙和平集會現場追捕示威人士，並放催淚煙，K感到坐立不安。她小時曾在黃大仙住過一段時間，看到熟悉的地方有抗爭活動，內心鬱結。K打電話給男朋友和以前的一位男同學M，叫他們一起出去現場。M湊巧是住黃大仙的，他說有事可躲到他家裡。他們在黃大仙聚集後，K感覺舒暢很多，不再鬱悶，比在家中看電視安心很多。她認為這可能是一種「使命感」，覺得不公義便要站出來發聲。在出門前，K的媽媽囑咐她不要走得太前，要小心。而她亦只是在示威者後排傳遞物資。

這次在黃大仙的支援，是她人生中最驚恐難忘的一次。當防暴警察向示威者推進時，她與其他示威者在龍翔道往摩士公園泳池的方向走避，誰知突然被防暴警察包抄，「當時真係好驚，一邊走一邊喊，想走過對面馬路，但中間分隔行車線的石壆太高，跨不過去，幸好男朋友蹲下讓我踏著他的大腿，才勉強過了去，跑到上邨竹園那邊。」自此之後，她又有一段時間沒出來參與抗爭。

9月7日網民發起「和你飛3.0」堵塞機場的示威行動，香港警方宣布機場

快線於當日早上9點起停駛九龍與青衣站。K就是當天缺課去了「發夢」。她說當天入不了機場，只去到東涌，但沒什麼事發生。

直到10月1日，她覺得事件仍未完結，官方及警方在這段期間發佈的新聞訊息，都十分無恥，罔顧事實。警暴被說成「不完美，但可接受」、「不滿意，可投訴」。她覺得10月1日這個大日子，需要出來「落佢臉」。「當日阿嫲在看十一國慶閱兵典禮時，我已全身黑衣，臉也蒙上黑布，再出去黃大仙我這熟悉的地方。」較早前，K已安裝了NOW TV 24小時新聞台，勸嫲嫲不要再看TVB，因它的新聞報導偏頗。

K出到黃大仙便見到防暴警，她與男朋友躲到荷李活廣場。當天「連登」被黑客攻擊，消息中斷，大家變得群龍無首。但手足們交談後，不久又聚集起來，「真的像水一樣，一時匯聚，一時流散。」大家討論應該向新蒲崗或龍翔道的方向進發，最後K參加了龍翔道方向的一組。經過鑽石山地鐵站時，見到有被打爛的地方。K當時拾起一塊石，本想作自衛用途，但男朋友斥喝不要這樣做，免被警察捉到時有罪證。「我最後把它扔了進鑽石山地鐵站，一刹那間，感覺很舒爽！」K認為是一種被強權壓迫已久，然後作出反抗的一種宣洩釋放。

到了黃大仙警察宿舍附近，看到一些電單車在燃燒，有人問街喉在哪裡，想救熄它。但亦有人說有冷氣房在旁，恐怕用水救會漏電。有示威者腳部被打瘀，差不多出血，有人給他生理鹽水沖洗，但他說留給更有需要的人。有示威者把國旗燻黑，亦有人把一兜早由倒入黃大仙地鐵站內。K說她慢慢習慣了與警察對峙的場面：「他們來便走，但一定要有足夠空間。」當日K父親打電話問她的情況：「都玩咗好耐啦，玩夠好返啦，否則爸爸發脾氣㗎喇！」K聽完後沒有理會，收線後繼續與示威者行動。K最後跑到安全地方，換了衣服才回家。之後，又停了一會沒再出來。

在10月16日晚上，「民陣」召集人岑子杰被襲擊受傷，倒臥血泊中，K的叔嬸在看電視說：「這場運動輸了便算好了，不要再有人因此而受傷。」但K不同意，即時反駁：「不能就此罷休，一驚就退，其他受過傷的人豈非很不

值？很冤枉？」結果10月20日K又再出來遊行（雖然「民陣」當日在九龍尖沙嘴遊行的申請已不獲警方批准），這次還說服了叔嬸一齊參加。

當日K的父親也有參與尖沙嘴到高鐵西九站的遊行，他可能是見遊行路線短，而且也想去看看情況。但K的父親只行了一段便覺得頭痛，回家休息。吃晚飯時，K的父親說是示威者先堵路縱火，若沒警察阻止，不知會演變成何種地步。K與父親爭論，認為他看事物不全面，結果越講越大聲，K父親說：「嗰班嘢⋯⋯」，K即回話：「我就係佢哋⋯⋯」，父親憤怒想用汽水罐擲向K，但最終沒有，之後，反而是K用汽水罐擲向父親，並說他是「藍絲」扮「黃」⋯⋯。K的母親和男友即時勸止雙方，母親說父親首先不對，不應意圖用罐擲向女兒。稍後冷靜下來，父親首先道歉，K也向父親道歉，事情便平息下來。

對「反送中運動」的看法

K認為這場運動的主因是民怨累積已久，雨傘運動雖被壓下，但當時提出的問題並沒有解決。K當時不太明白梁天琦說的東西，但現在開始明白多一點。所謂「光復香港」是指社會體系的改變。中國大陸對香港社會原有體制的破壞越來越明顯。「近幾年我住的屋邨處處都聽到普通話，政府很多資源都用在新移民或與中國融合的大白象工程上。大陸土豪在香港的消費消滅了很多本土小店，很多本地書店被逼搬到幾層樓以上開舖才能維持下去」。

至於目前的抗爭是一場「運動」還是「革命」的問題，K認為未流血前是運動，或只是示威活動，但7月21日黑幫在元朗無差別的毆打市民及10月1日警察以實彈射擊示威者後，它已變成一場「革命」。K認為它注定是一場流血的革命，也是一種意志的抗爭。她認為將來的社會運動，會以更加激進的方式演化，「事實上，從6月12日那天起，示威已開始激進，日後只會越演越烈。」

K認為今次運動與梁天琦上次所說的，也有所不同。「雨傘運動時講的是政治上的『真普選』，今次運動牽涉的卻不單只是政治方面，它還包括了經濟、社會及文化價值的各個領域。上次雨傘運動參與的主要是年輕人，但今次運動除了年輕人外，亦有成年人、老年人及各社會高中低階層的人。這次運動讓香港人團結起來。」她覺得這個運動可能要在明年立法會選舉過後，才會停下來，因為港人的民主要求一直未達到。但短期內成立獨立調查委員會，也將可讓運動冷靜下來，K認為大部分勇武派也會「收貨」。「成立獨立調查委員會是主流民意，運動能持續至今，是因為『和理非』及『勇武派』沒有割席，『和理非』的支持是關鍵，若『和理非』收貨，『勇武派』也會接受喇。」事實上，示威者是被動的，是政府不聆聽、不回應，運動才會激化到今天這個局面。

對將來的展望

　　「不樂觀，區議會也不一定全勝；對手有很多資源，將會有不少動作。」K認為香港將會面臨人才及外資流失，加速香港「再殖民化」。現時每天150個大陸人移民香港的名額，很多不是用在家庭團聚上。就以觀塘為例，它現時很多性工作者，都是大陸來的。K說香港電台的《鏗鏘集》及無線電視的《東張西望》都報導過。

　　K一方面希望立法會來一次洗牌，將建制派議員換走；但另一方面卻不抱太大期望。她覺得香港人善忘，過一陣子到2020年，現時的民氣會淡下來，「香港民眾是易散難聚的。」K也期望香港的政治組成將來會有改變，民眾可以一人一票，無篩選地選特首，大家共建民主社會。另外，警察也必須重組。K說以前對警察很正面，認為報警一定得救。再加上《寒戰》電影I及II都描寫警察正義，讓人覺得有安全感。甚至在雨傘運動清場時，K仍覺得因為示威的人阻街，少量武力清場還是可以接受的。但現時警察的形象，真是插到谷

底，K認爲應該仍有好警察的，但也應該已離開警隊了。現時的都是「有牌爛仔」。

K已開始計劃離開香港，她會首先送父母去泰國，例如北部清邁那些較清靜的地方。泰國是K較有能力負擔的地方，因爲只要用較低的費用，便可獲長期簽證。她自己會留港賺錢，累積到足夠的金錢後，也會搬去泰國長居。但她不會放棄香港的護照，因爲畢竟中國是強大的，在海外它的護照仍應可作最後保障。K進一步說：「有一次廣州來的同學在Instagram問我，中國眞的這樣差嗎？我答他，我對中國並不負面，但我憎恨專制獨裁。無可置疑，中國現在經濟好，有錢，但它專制。現在有一百個孫中山也改變不了它，因爲它的國民都滿足於現狀。」

對個人的影響

K認爲這次運動加深了她對政治的認知，也加速了她的成長。她認識到政府花了很多錢在大白象工程上，看到警察的濫權，對泛民的議員認識得更多，因爲他們很多都與示威者在前線同行。她認爲現時自己的價值觀是包容、自由、正義。

運動之初，她說示威者是包容的，藍絲挑釁是打不還手，連儂牆貼紙被撕，也還只是事後再補貼。只是後來白色恐怖升級，示威者才不包容，因爲他們的核心價值已被侵犯。

在6月12日首次出來示威時，K是因爲憤怒；政府在6月9日百萬人示威遊行後，竟仍然傲慢的拒聽民意。「我們現時有句話叫做『生於亂世，有種責任』。我六一二出來，就是感到有責任要出來，我及很多在90年後或2000年後出生的人，對未來都有種恐懼，就是香港會變成大陸那樣。」

「我唸中史知道中共的發展，因顧忌國內同學的玻璃心，很多時有話也不敢直說。香港本應是言論自由、暢所欲言的地方，不應該這樣，香港已變成不

是自己的地方」。

　　K的父母對她說，只要一旦被捕，你就會前途盡失。但K並不認同這種想法。她認爲書讀多了，就知道人權自由的重要，若不出去抗爭，她會後悔一世。

後記

　　寫完這篇訪問之後，本應就此擱筆，讓訪問內容自我呈現給讀者，不想加入自己的看法體會，以免影響讀者對訪問內容的觀感。但計劃指引要求訪問者談一下自己的看法，爲了配合其他訪問的格式，筆者就談一下自己對這個運動的看法。希望讀者勿將筆者的看法與受訪年輕人的經歷混爲一談。年輕人才是今次訪問、今次運動及2047年後香港的主角。

　　小時候，父親會提醒我們是中國人。當時絕大部分香港人都家貧，中國也是一窮二白，但不論是支持國民黨或共產黨，或如我家政治忌諱的人，都不會對中國人的身分有任何疑問。儘管當時的中國（不論大陸或臺灣）經歷了不少苦難，被西方人（在香港是英國殖民者）看不起，大家仍以中國人的身分自豪，因爲我們的文化源遠流長，努力、謙恭、節儉、孝順、友愛、安貧樂道、靠自己，都是我們認同的價值。當臺灣鐵人楊傳廣取得奧運獎牌、大陸成功試爆原子彈、莊則棟獲得世界冠軍時，我們都感到高興和驕傲。當中國大陸踏入2000年經濟起飛時，大家都對它有期盼，希望隨著經濟發展，人民生活改善，它會逐步走進現代文明，進一步實現自孫中山推翻清帝以來，國人追求除了民族、民生之外，還有民主的願景。

　　在江澤民、胡錦濤時期，中國大陸似乎眞的走向現代文明社會，「沙士」期間，衛生部長問責下台，更是中共官場破天荒的大事。但隨著習近平上台，一切變得倒退。這位獨裁者比俄國的普京更肆無忌憚，公然取消國家主席的任期，自我終身封皇，但全國竟鴉雀無聲，些微的異議都被迅速壓下。

看來中國與人權、法治、民主、自由、公義的普世價值已背道而馳，越走越遠。

　　2019年在香港因中港矛盾而爆發的「反送中運動」，就是辛亥革命、五四運動、共產革命、六四民運、雨傘運動的延續。目標就是要完成辛亥革命之後，仍未達到的使命。中國人追求民主之心不死，極權統治的封建殘餘，終歸要掃進歷史的墳墓裡。何以中國經濟崛起，反而令香港人對它的認同減少？原因是它現在變得財大氣粗，頤指氣使，不可一世；從以前的「朋友遍天下」，變到今天的「大爺給飯食」。一些中國大陸人在海外遇到不合意的事情，或碰到不愉快的經驗，不管對錯，便大呼「我是中國人」，唱國歌，很像人家殺了祖宗十八代那樣，這種自卑又自大的表現，真令人側目。他們的自以為是、佔小便宜、囂張及不文明舉動，雖然只是極少數人，但已足以令香港人不想以「中國人」自居。

　　還記得少不更事，早年曾對國內來的訪問學者說過一句氣話：「有什麼樣的人民，便有什麼樣的政府。」至今仍然後悔。隨著歲月及認知的增長，那句話應該改為：「有什麼樣的政府，便有什麼樣的人民。」人民要反抗極權獨裁、依賴武力的政府，十分困難。香港市民現在反抗強權遇到的困難，就是很好的例子。

　　自習近平上台後，中共變得越來越野蠻，特別是對劉曉波劉霞的不人道對待、壓迫新疆民眾、打壓維權律師、驅趕所謂「低端」人口、非法挾持香港出版社負責人及居港商人返大陸，還迫他們在電視上認罪⋯⋯做中國人真的那麼自豪嗎？

　　當人權、自由、公義、法治及人的基本尊嚴被剝奪，光有物質滿足便可以了嗎？相信香港大部分人，特別是年輕人，都說不可以。大陸上的中國人呢？真的不知道，但估計至少目前而言，他們大部分是覺得沒問題的。我看這就是中港矛盾的最根本分歧。

　　在「反送中運動」期間不時聽到大陸官員說，港人的運動旨在「奪權」，聽起來有點滑稽荒謬的感覺。「權」是你的嗎？誰給北京「權力」管治香港

人？稍有民主概念的人都知道，「主權在民」，不在政黨，更不在習近平本人身上。香港人有賦予過北京管治香港的權力嗎？香港人正正就是爭取「還權」、「還政」於民，有問題嗎？

當初1984年中英判香港前途時，香港人就沒有代表在裡面。港人在毫無選擇下被迫接受《基本法》，但至少裡面仍寫明「港人治港」及最終達至普選特首和立法會所有議員的「雙普選」。但習近平上台後，港人治港、高度自治、普選特首及立法議員、一國兩制的承諾，全都變成廢話。可笑的是，習近平還面不改容地，不只一次說確保一國兩制「不變形，不走樣」。「一國兩制」無疑是二十世紀人類社會其中一個最大的騙局。

香港人因中共破壞一國兩制的承諾，不再認可它對香港的管治，中共可以怎樣給國內民眾一個說法呢？唯一的方法，只有煽動還能在大陸受單向教育的民眾中有影響的民族主義，訛稱這場「反送中運動」是「香港獨立運動」。中共絕不敢向大陸民眾說出港人是在爭取自五四運動以來要求「德先生」到來的真相。假若日後大部分香港人支持香港獨立，它也是因為中共的獨裁高壓迫出來的。

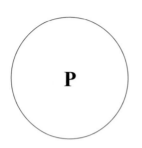

香港還能回到過去嗎？

——迷失的「一國兩制」
面對虛幻的「港獨」

受訪者P（化名）現在從事記者的工作，認爲需要保持專業中立，可是在過程中發現很多不公義的事物與情況，所以「比較傾向支持」香港現在的政治運動。如果計算兼職半年的時間，與後來全職的時間，他擔任記者的時間已經有兩年。

訪談時間約九十分鐘，於2019年10月31日進行。

對運動的參與

P認爲「反修例」運動的興起，最初是因爲香港與中國大陸的法律體系不一致，同時香港社會對中國的司法公正有質疑，所以一旦法律上允許「送中」，香港法治將會失靈而爆發。而且，香港政府提出法案時的諮詢期又很急促，社會其實完全沒有辦法瞭解《逃犯條例》修正案的細節，也不理解爲什麼港府急於硬要推動，於是社會形成一種看法，認爲法例一旦通過將非常可能危及自身的權益與安全。

從6月發展到現在，已經有五個月時間，示威者或者有破壞一些公共設施，或者肢體衝突，甚至出現所謂「私了」的濫用暴力現象，所以他也「不能完全支持」現在示威者的表達方式。

P的參與方式，包括曾經捐贈乾糧、口罩、雨傘，不同程度參與這次運動。依照訪台設定的選項，他的參加項目有物資捐贈、物資運送或傳遞、分享網上示威資訊、網上支持示威者、簽署網上聯署、拍攝紀錄、採訪及撰文。他也曾經以個人的身分（也就是不從事新聞採訪時），參與六九、六一二、六一七幾次遊行活動。後來在7月中旬左右以後，他則多是以新聞記者採訪的身分到場。

頭五項活動，他參與的主要是因為那些參與方式是舉手之勞，花一點錢與時間就可以做到，他總計大概花費一千多塊港幣。他曾經想要參與刊登國際廣告的眾籌，但是由於網站上很快已經籌到目標款數，所以並沒有成功。至於其他在網上主要是參與那些簽署要求美國白宮回應的petition，以及幫忙轉貼自己認為正確價值的訊息與圖像給朋友。他說相比於那些在前線抗議示威的群眾，冒著隨時被逮捕的危險，自己所做的事情實在太簡單了。而且作為新聞記者，一般已經有職業共識，那就是不要直接在最前線涉入抗爭，不要挑釁警察執勤，以免被警察逮捕，讓自己的報導與所屬媒體的公信力受到質疑。所以他的參與雖然直接，但是從來沒有直接與警察抗爭或衝突。

P認為由於運動的時間拖長，最初參與、以及後來持續參與的原因已經不一樣。一開始是為了反修例，但是後來則因為警察暴力實在太嚴重，完全沒有專業執法的準則觀念。於是大家轉向認為這個問題一定要處理，所以開始支持成獨立調查委員會的訴求，一定要重整警隊的紀律，否則香港社會法治秩序就蕩然無存。

據P觀察，從2014年雨傘運動到現在，過去示威者的裝備只是戴眼鏡、口罩、雨傘與保鮮紙。可是隨著警察暴力升級，現在示威者的裝備也被迫要升級。如果警察真正的功能與目的是使用有限的暴力驅散群眾，為什麼要開槍，常常無目的地濫射催淚彈。所以現在警察已經沒有執法的正當性，示威者已經

完全不信任警察能夠認眞公平適當地執法。而且現在警察等於是已經與群眾或示威者產生仇恨，互相用非理性的辭語咒罵，所以必須要解決這個問題。

　　他認爲運動的深層原因是因爲雨傘運動之後，所有的問題不僅沒有解決，而且變得更嚴重。尤其是在政治管制上，政府越來越縮小社會的政治參與空間。例如最好的例子就是DQ議員與參選人，感覺政治凌駕到法律之上。又例如有很多民生與工程的問題，爲什麼港鐵沙中線工程問題要那樣敷衍的處理，甚至港鐵最初還不認錯，擺出姿勢要控告媒體，最後就算成立獨立調查委員會，也不了了之，令人失望。社會納稅人交稅，可是政府卻似乎沒有認眞專業的處理治理的問題。高鐵的情況也是一樣，通車之後也沒有如預期人流有那麼多，受訪者質疑那麼爲什麼要建造這一個鐵路。

　　他認爲八一一那個晚上有一位女人的眼睛被警察打爆。那一天他擔任新聞採訪的任務出勤，本來有示威者在深水埗，後來有些人往尖沙嘴移動過去。那天在場跟本不知道催淚彈是從什麼地方發射過來，只知道不知不覺就有催淚彈掉到腳邊，後來有其他媒體同行就說，聽聞附近一個女人的眼睛被射爆。那天是受訪者第一次感到害怕，感覺警察在那個時候已經不是想要驅散群眾，而是想要傷害群眾，開始情緒失控，甚至想要殺害群眾，人身安全完全沒有保障了。

　　他覺得運動目前看起來還會持續，主要的原因是不斷有人受傷、出現浮屍跳樓，使得群眾有理由繼續，有動力抗議與想要追查眞相。而且政府似乎不確定如何處理目前的情況，處於束手無策亂搞的狀態。例如他就不理解也不知道爲什麼突然要動用緊急法，推出禁止蒙面法，使得前線的年輕示威者更不滿。政府不處理問題，只是進行無謂無效的暴力壓制。

　　他認爲時間到了11月或許運動暫時會平靜一點，因爲區議會即將選舉，示威者擔心政府會藉故停止選舉。也有網上傳聞說可能到12月，政府就會成立調查委員會，然後會換掉警隊的高層。如果獨立調查委員會眞的能夠成立，或許示威者的怒氣就會稍微降低，願意暫時停止運動，等待調查的結果。很多的前線所謂勇武派都很年輕，二十歲上下的小朋友。現在警察已經逮捕超過兩千人，這些被逮捕過、又被保釋出來的人，他們如果再參與運動，如果又被逮

捕，就會罪上加罪，所以他們現在變得更加暴力激進。如果成立獨立調查委員會，大家會比較容易能夠接受。大家也知道雙普選的要求比較不切實際，應該不會堅持，所以獨立調查委員會必須成立，這可以讓社會鬆一口氣，檢討到底大家在這次過程中做錯了什麼。

那些在前線的勇武派年輕人，P認為「他們真的是在拼命」。他們現在購買或自製一些好像全副武裝的裝備，帶著防毒面具與一些簡單的棍棒，有些還有汽油彈。他們知道如果被控暴動罪成功，將會受到嚴重的處法，要坐牢可能十年。再加上這幾個月與警察衝突的仇恨，根據受訪者親身採訪的經驗，他們現在常常都在拼命，已經到了不管性命的地步。他們已經進入一種走不出來的情緒，覺得政府這麼「欺負」他們。反正結果都是不被尊重，沒有自由，所以坐牢或犧牲生命都在所不惜。

警察無理的粗野的暴力一定要被追究，P認為如果沒有辦法讓心中的公義得到伸張，就算失去自己的自由也可以考慮。

P認為政府沒有辦法去修復藍絲與黃絲之間的撕裂，政府在施政報告書想要「花錢」或「作政治秀」的對話來解決問題，其實是更沒有意義的。現在林鄭月娥領導的政府想要進行的與社會對話，根本沒有「誠意」。誰能夠在鎮暴警察的監控環境下，或有選擇的、有時間限制地條件下進行對話，然後會覺得政府真心有誠意的？

現在有一股輿論認為問題出在房屋或房價問題，但是P認為現在問題絕對不是這麼簡單，現在問題已經轉變成是侵犯最基本人身自由的問題。因為現在就算有一層樓或一個鋪頭，警察也可以隨便就闖進來搜查，或者丟一個催淚彈近來，卻不用負什麼法律責任。而且，現在年輕人大家已經有一股印象，也一直流傳說政府比較照顧大陸來的新移民。好像他們沒有付出努力，一來就享用香港的社會福利，那麼為什麼讓他們過來香港。P認為可以確定現在香港年輕人如果想要排隊等候公屋分配，現在要很多年的時間，這個趨勢完全不能接受。

他不確定香港還有沒有未來，如果香港政府現在什麼都不認真回應社會需

求，完全就看不到未來。如果政府能夠回應一些社會的訴求，重新開始建立民眾信心與管治正當性，他覺得或許還有一點機會，香港還會有一些未來。他自己認爲眼前只能走一步算一步，現在根本不可能有什麼遙遠的計畫或期望，情勢這麼不穩定，根本不知道香港今後會是什麼的走向。

他認爲現在這場運動是一場「運動」，還不是一場「革命」，革命是要推翻現在所有的一切制度，或者推翻現在的政府。現在群眾與社會並沒有想過推翻政府，只是覺得政府做得不對，要回應民意來改正。「港獨」是一個虛幻的概念，大家也都知道是不切實際，也不見得大多人都想朝那個方向努力，也沒有覺得可以輕易讓中共放手不管，然後達到香港政治獨立的目的。他認爲現在的運動不應該被當成「暴動」，因爲沒有人眞的想要傷害別人，也沒有人製造強力的武器或炸彈攻擊警察，完全沒有想要不顧一切，跟於一個什麼政治目標去傷害他人。

很多參與前線示威的年輕人或許很衝動，有的時候也不太理性，但是他們如果做得過頭以後，也會反省。像是在香港機場那一次所謂的《環球時報》記者被示威者捉綁，根據他的穿著裝扮，原來以爲他是冒充群眾的警察，想要打他。但是群眾後來還是會反思，認爲那樣做其實不對。示威者還是有道德底線的約束，如果做得太過分，還是會回頭修正。大家心裡想的只是要維持原有的社會運作方式，維持原有那種所謂的核心價值，也就是守法、公平的司法制度、沒有人能夠任意地進行改變，大家努力獲取自己應得的酬勞。

P認爲這個運動已經把社會撕裂，大家不同陣營的群眾都只相信自己願意相信的消息，不願意面對現實。只問政治立場，不問事實眞相。這種盲目的現象其實藍絲與黃絲都變成差不多的態度，社會成爲對立的狀態，完全不爲對方著想。例如太子地鐵站到底有沒有打死人，沒有人知道，也沒有具體的證據，現在只是信者恆信，不信者恆不信。

未來的香港到底會怎麼樣其實無法想像，他只想回到過去的香港社會，最少要有公平公開透明的政治治理。如果放大一點，當然如果能夠有眞的雙普選，當然最好，但是不覺得有實現的可能。在社會上，當然希望能夠有流動，

大家透過努力可以得到回報；可是現在年輕人好像沒有希望，不論工作多少小時，每天加班，就連得到的物質回報都很有限。有錢的人更有錢，家庭有背景的才能上位成功，一般老百姓就是不知道爲什麼努力，爲求一個溫飽而過日子。P講述採訪過住在劏房貧窮家庭的經驗，他說：「有一個單親的家庭，一個父親帶著三個女兒，住在一個深水埗的一個九十呎的劏房。眞是令人難以想像，他們要如何生活。根本不能說有廚房，地上堆滿各種雜物，晚上父親睡在地上，三個女兒住在一個隔板雙層的床上。一個月父親的收入工資不到一萬，甚至有時候也不穩定。其中一半，也就是五千港幣要花費在房租上，剩下只有不到五千港幣要做其他日常使用，眞的非常拮据。」可是我們香港的社會，卻有非常有錢的豪宅，動輒數千萬上億，富人生活非常豪奢。爲什麼社會的貧富收入差距這麼大，這麼不平等，受訪者無法想像那個家庭三個女兒要怎麼活下去，他們的未來又會是怎麼樣，令人感嘆又無奈。

我的理解與闡述

由於這場政治風暴已經超過五個月，政府回應過慢，使得問題分成兩部分，那就是第一、原來因爲修例的起因，以及第二、併入後來群眾運動激進化撕裂的過程，必須分開處理。

關於香港法制要如何繼續發展，似乎還可以回覆或保持過去傳統，不無疑問。尤其在四中全會後，北京對香港是否會透過某種立法來加強政治安全管制，進而實質傷害過去香港與國際接軌的基本人權價值，不無疑問。而且從雨傘運動以來，香港年輕一代對政治參與的欲望已經大幅提高，如何面對與處理這樣的需求，在北京與香港社會兩者之間，港府未來將陷於更困難的處境之中。

至於運動激進化過程還何以分成兩部分來思考，一是警察執法方式與暴力是否濫用的問題，另一是親中與反中勢力，也就是藍絲與黃絲的對峙與社會撕

裂問題。期待能夠透過獨立調查委員會來解決這個問題，似乎太過樂觀。調查的結果一定不會充分讓雙方滿意，甚至如果稍微偏向某一方都可能重燃另一方抗拒排斥之感。

至於原來港府或北京視角所提出所謂的「深層結構問題」，或說房屋與社會向上流動的問題。如果能夠適當解決，可以作為軟化黃絲對立氣氛的一種暫時或治標的政策方法。但是當然也可以預期會有其他經濟與社會的副作用，侵害到另一群社會階層既得利益者的權益。

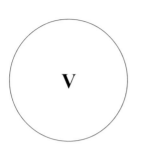

V 　政府第一步：真・聆聽

　　受訪者V由六一二起開始就有參與運動，包括現場捐款、網上捐款、物資捐贈、貼連儂牆、網上支持示威者、分享網上示威資訊、簽署網上聯署、罷工／罷課／罷市、遊行集會人鏈，而且參與程度變得越來越投入。

　　V在六一二時的參與僅於遊行，但七二一看到元朗黑社會無差別襲擊市民，加上她有朋友親身在車站看見這件暴力事件，令她對整個運動更為關注。及後看到警方於不同示威行動中濫捕濫暴情況越來越嚴重，他身邊更有相識的朋友在沒有穿著黑衫和佩戴口罩的時候被警方拘捕及拘留，再加上看見新聞許多可疑的被自殺事件和浮屍，種種因這場運動而衍生的事件令V覺得社會越來越荒誕，因此他也更投入這場運動希望藉著自己的參與去表達不滿，與這些荒誕的事件抗爭來支持同路的抗爭者和被捕人士。V也是一位家長。他希望透過參與這場運動去為自己的小朋友在香港的未來作出一分努力。

對政治的理解

　　V認為這場運動的主因源於政府沒有正視問題。政府再送中條例的諮詢程序過於草率，沒有聆聽市民的意願。這場運動反映了一國兩制根本未在香港出現過，香港警察的權力過大和議會的力量好有限。運動中看到立法會議員對市民的幫助是很有限的。而且整個運動也反映出香港人的民主意識很弱。

　　V在這場運動經歷和感受最深的，是一次網上作文宣工作與另一位不同立場的家長激烈討論。那次討論令V更有決心透過自己的能力去改變「藍絲」的想法。另外他身邊有朋友在沒有參與遊行期間被濫捕令他感受到這場運動直接確切地影響著他的生活，所以感受非常深刻，加上朋友被濫捕後遇到種種無理的對待更令受訪者憤怒和增加他想支援被捕人士的決心。這些都加速了他對整場運動的參與和投入程度。另外，政府在此事上的不合理處理手法亦加促了他在運動上的參與。他指出其實自己明知政府是不會回應示威者提出的五大訴求，但他仍然堅持持續參與示威和支持抗爭者的運動是因為他想令政府知道市民不是任人魚肉的。

運動的未來、期望

　　V認為抗爭活動會持續至農曆新年後。他相信示威活動長時間持續會令警隊崩潰。他預計事件繼續發展下去會有殺警事件出現，因為休班警已開始在非當值時間擁有不同的裝備例如伸縮棍和胡椒噴霧去執行任務，休班警亦會因為這些配備更容易被市民認出，而此非當值時所授予的過大權力亦更會增加警民衝突，而這些衝突最終很可能會引致人命傷亡。抗爭運動能夠持續全因為不斷有市民加入充當勇武者。被捕的勇武者又會因為其經歷和付出感染更多的市民參與或更積極參與這個抗爭運動。運動能持續到現在亦有賴策劃這個運動的這代人──他們擁有獨立思考，有系統的處事能力和強大的感染力，這些都是令

運動得以持續的主因。

　　他期望政府會無條件釋放所有因此運動而被捕的人士。他不相信政府會回應五大訴求的每一項，他亦不在意林鄭會否因事件而下台，因為他深信林鄭並不是香港的決策者，她更沒有能力控制警隊。而V聲稱他會一直留港居住因為他覺得運動令他發覺香港是有希望的。即使這代人犧牲了，他們的犧牲會醒覺下一代人。他認為香港人是會繼續抗爭，不會盲目服從政府的。他更指出這運動喚醒了很多「廢中」（那些只追求生活質素的八十、九十後）令他們更關心社會事務，而非專注於個人的物質享受。運動亦令V更關心社會發生的事。他會因為支持此運動而捐款，更願意與人分享和更積極鼓勵其他市民去參與社運。

　　V認為，香港人，包括他自己，最渴望得到回應的訴求是釋放所有因此運動而被捕的人士。他認為在抗爭者的立場能夠退讓的是選擇性處理警察濫暴的情況和其他四大訴求。但政府必須答應釋放所有被捕者的訴求。

如何看待運動及香港社會

　　V認為社會撕裂的現象一直存在。因為撕裂對他而言是代表反對聲音，而一個健康的社會體系應該存有撕裂並能夠包容這些撕裂。他認為若政府想令市民重拾信心必須回應最低的訴求——釋放被捕人士。

　　在V看來，運動帶來的改變可分為短期性的影響和長期性的影響兩種。短期性的影響包括市民的生活模式，他們消費時會選擇「黃店」，變得踴躍參與大廈法團的工作和願意承擔更多社會責任，更加關心社會。長期性的影響包括加強社會時事的觸覺，對政策有更深入認識從而令政府施政進步。

　　V會稱這場抗爭為革命——他認為暴動是激進的發聲，是沒理據無差別的製造社會混亂；革命是想改變現有體制的，而運動是社會運動，目的是為不公平的事發聲。

談到香港的核心價值，V認為包括言論自由，示威集會和表達自己意見的自由。要能讓香港保留這些核心價值，他認為要維持一國兩制，但因爲這場運動令他發現一國兩制在香港並不存在。所以，只有推翻共產政權，脫離共產體制，香港的言論自由才可得以維護。而香港未來的社會運動將會需要使用一定程度的暴力，且參與抗爭的市民會有犧牲的準備。

V想像未來的香港在制度上可以讓市民投選特首，自由地發表意見。在前景方面，香港會保持自己的競爭優勢和人力資源的質素。在國際地位方面，香港會因爲這場運動令世界知道香港與中國內地的分別。他更希望香港人不會因爲擁有自身的中國背景而被歧視，參與示威者更不會因爲參與示威而被其他國家拒絕入境。

如何理解目前的事件

V參與是次活動的主因是由於受到身邊人的感染和自己本身對整個運動的認識。是次事件直接牽涉到他所認識的人（例：被濫捕的朋友及其被捕後的無理拘留／對待，以及修例內容對下一代的影響），這些都令作爲父母的V更主動了解反修例的內容和整個運動的始末。他對運動的認識越深更增加了他在運動中的參與。透過閱讀網上資訊，令他對運動有多角度的認識，相比主導的電視報紙媒體的報導，網上資訊更全面和準確，這些更客觀和全面的資訊鼓勵了V爲運動擔起文宣工作的動機。他理解現在社會的事件爲非常不公義。因爲他所接收的資訊和他朋友的遭遇令他有強烈的使命感去爲這些不義的事件發聲。加上今次整個運動主要依賴網上資訊溝通，科技的發達令他更容易彈性地參與是次運動。他視是次運動爲革命，可見他強烈感受到香港制度上的不公，認爲要徹底解決此不公必須從香港的現有制度（包括選特首的制度以及監察警權的建制）作出改變。V理解的香港是有希望及機遇的。他對香港人尤指年青一代的香港人有堅定的信心，縱使現有的政府及建制令受訪者感到失望和憤怒，他

深信這個運動能警醒及教育社會更多不同階層的人。只要有更多市民關心社會發生的事和監察政府，香港是會越來越進步的，因為這是代表的政府未來的施政將面對更大的壓力，政策需要得到通過務必要以香港市民的利益為依歸。

筆者觀點

從社會建構主義（social constructivism）的角度上看，我認為現在社會所發生的撕裂和矛盾源於三個主要因素：（1）香港社會近代的人口結構發展；（2）政府推行修例和處理運動的手法和（3）政警（政府和警察）與民眾自傘運而起的撕裂。

香港社會近代的人口結構發展

自九七回歸後，香港人口可主要歸分為有內地背景的新移民和在港土生土長的本土人。隨著自由行的增加和新移民人口的不斷上升，大部分本土人對國家以及作為中國國民身分的負面思想與日俱增。新移民不斷剝削本土人的社會福利的仇恨和內地自由行破壞市容及秩序的現象都令本土人產生一種強烈的本土感覺。他們需要鮮明的象徵去區分香港人非內地中國人的身分認同。然而隨著香港與內地的緊密發展，這區分的象徵變得越來越模糊。一國兩制——香港獨有的司法，立法及執法制度成了那區別的主要旗幟。

今次反修例運動正正觸碰了這區別的旗幟而牽動了社會大部分民眾的情緒。運動的矛盾在於對中國法制的不信任，亦始於本土人不想香港被大陸化，害怕失去香港的核心價值而衍生。

政府推行修例和處理運動的手法

是次修例引起社會廣泛討論，市民亦因此發起多次史無前例的和平遊行。可惜，政府不但沒有回應市民訴求，更直接繞過一般立法的諮詢程序直接提交

立法會審議。政府在是次修例的處事方法令市民更擔心香港的一國兩制定義──制度是否已變了一國一制,香港與內地的分別不差分毫。政府的不當處理手法增加了普羅大眾的恐懼,更令市民對修例內容反感,政府的處理手法增加了反修例的聲音,亦直接增加了反對修例的民眾數目。社會大眾對政府的不滿日溢加劇,誘發更大的矛盾和不信任。

政警(政府和警察)與民眾自傘運而起的撕裂

即使2014年發生的雨傘運動最終爭取普選失敗,是次運動為香港的社運徹底洗禮。今天運動中的參與者許多也經歷過雨傘運動的洗禮,他們緊繫社會事務及政策發展。他們對表達訴求亦有堅定的獨立看法。雨傘運動屬和平非暴力運動,但結局並不是參與者所期望的。在參與者的立場而言,爭取訴求一定需要比雨傘運動更積極的手法去增加社會的回響來迫使政府回應訴求。此外,政府在雨傘運動中回應市民訴求的技巧亦令市民覺得政府只會表面聆聽,自傘運後,政府為社會制訂的許多政策不但沒有回應社會大眾的實際需要,反而令市民覺得香港的核心價值被逐步剝削,市民對政府變得更加不信任。因為傘運時處理示威行動不當,引致多名警務人員被起訴甚至判監,這些案例影響警務人員在執勤處理示威活動的手法。連月來警察濫捕濫暴已令民眾非常憤慨。這種憤慨和警察濫暴濫捕的情況形成了勇武行動的惡性循環,也令是次運動不停持續,因為嚴正處理警暴已成了是次運動中的其中一項重要訴求。以政府的角度來看,他們檢討了雨傘運動的回應手法,認為手段過於溫和只會誘發更大規模的運動。所以政府今次有別於以往採用了強硬的手法處理事件,而這強硬的手法激起了更強烈的示威活動。

根據社會建構理論,社會任何一個問題都是建構性。問題的發生是地區性的。每個問題都是因著地區的政治和文化特點而獨立形成。問題亦是有時間性的。是次運動的形成全因香港人口有著深層次的矛盾和文化差異。在時間上,政府和警察的處理手法加促事件的嚴重性,令運動廣泛地影響著香港各階層。而孕育此運動的示威者更因為傘運的洗禮令整場運動變得更有策略和系統。吸

取傘運失敗的教訓，「沒有大台，人人也是主導者」的社會運動令更多民眾可以彈性參與，亦令參與者更感受到投入社運的重要性和增加他們對運動的歸屬感。社會運動的最大力量源於人民，源源不絕的參與者以及全民皆是社運領導者的概念無疑增加了這場社會運動的特色。若政府需要改善現在的社會狀況和避免日後同類型的運動發生，當權者應從身分認同上的矛盾，推行及發展政策的方法著手。同時，在制訂政策及處理敏感的社會事務時要考慮社運人士的背景，以及提高執法人員的素質以確定執法者不是帶頭破壞法紀的始作俑者。

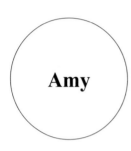

運動是為了保持香港獨有的地位

自反送中運動開始，Amy就是站在支持運動的一方。今年34歲的她，在香港出生和成長，高中曾到英國留學，大學回到香港升學。父母都是專業人士，而自己則擁有碩士學位。現為自由身公關策劃人及創業中。

她認為返送中運動由始至終，就是香港人爭取他們應有的權利。自銅鑼灣書店事件，她對中國司法制度完全失去信心，什麼「陽光司法」是個天大的笑話。她認為陳同佳事件是香港政府用來硬推送中條例的藉口，因為她知道臺灣很早之前已經同意以單次個案形式移交犯人。

「多你一個就係多你一個」

這場運動發展至今，她參與過不同的活動。6月9日是她正式為運動踏上街頭的日子，成為和理非的一員。在她印象中，那個時期只有民陣舉辦的遊行，沒有零散、自發的活動。在6月，她參與了9日、12日和19日的遊行。這些遊行都是由大台舉辦。上街，要告訴政府她的憤怒。她認為留在家中發怒是沒有

用；憤怒必須要在公眾場合展示才能得到政府正視。

　　每次參與遊行，她很樂意作出現場捐款。到現在，她大概捐了港幣一千元。至於網上捐款，她大概捐了港幣二千元到六一二人道基金、反濫權大控訴眾籌計劃，以及一個運動記錄片的眾籌計劃。在6月份的時候，她會向遊行的物資站捐出生理鹽水、食物和口罩。她曾在立法會大樓外和機場貼連儂牆。她每日會在網上分享示威資訊，並在自己的臉書和IG上面支持示威人士。她參與了無數的網上聯署。在8月5日，參加了罷工。在遊行期間，她會拍攝現場情況，上載到自己的臉書。她認為自己看很到的事情是值得在網上與朋友分享。她都會分享別人拍攝的片段，但主要以警方暴力的片段為主。分享這些片段時，多會加上她自己的個人感受，以發洩她的憤怒。作為和理非的她，從9月起在telegram上參加了一個義工翻譯小組。這個小組把本地的新聞資訊翻譯成英文，然後發佈到外國媒體去，把戰線推到國際。

「香港政府好shitty」

　　引發這次運動的源頭，她認為完全是政府硬推送中條例。她指出在6月9日後如果政府撤回修例，事情必然不會發展到如斯田地。可惜在6月9日後，政府仍然堅持二讀，完全漠視民意。她認為，林鄭月娥持著能夠得到建制派的支持，在立法會上必然可以成功通過草案，所以視民意為無物。她又認為，林鄭月娥自視過高，以為政府連2014年雨傘運動都能敷衍了事，沒有事情能阻擋現屆政府。Amy覺得香港政府早已不重視香港人。例如在明日大嶼一事上，是林鄭月娥想把更多的大陸人引來香港。這些都反映了政府的領導階層沒有領導社會的能力。Amy非常認同末代港督彭定康所說的一句：「香港的自主權……會一點一滴地斷送在香港某些人手裡。」而「某些人」，Amy認為就是林鄭月娥一眾官員。

　　Amy又認為這場運動揭示了香港長久以來貧富懸殊的問題。但她明確指

出，運動出現並非因為貧富懸殊，只是她留意到有藍絲會把青年人上街歸咎到房價高企、上樓無期的情況。Amy認為這是混淆視聽。

新屋嶺事件事是Amy對這場運動中印象最深感受的事件。不同的受害人站出來向公眾揭露警方在新屋嶺作出的暴行，情況令人髮指。然而，警方一而再、再而三否認新屋嶺出現過非人道的情況，令到Amy不能再相信警方任何的說話。每次想起新屋嶺受害人的經歷，Amy情緒都有起伏。有好幾個晚上，睡不了，抱頭痛哭。事件曝光之後，她曾經有想過，假若自己年輕兩三年，極有可能走到前線，轉身成為勇武派。有舞蹈基礎的她，身手仍然敏捷。

她認為，成立獨立調查委員會是能夠讓這場運動完結的第一步。我問她，如果獨立調查委員會得出來的結論，與她和示威人士的期待有出入，那又會如何？她補充，只有揭露警方惡行的結果才可以運動冷靜下來。可是，她慨嘆現屆香港政府在任何事上都要依中共辦事，所以成立獨立調查委員會與否，都全由中共決定。

她期望運動的持續進行，能夠迫使林鄭月娥下台。雖然她認為政府不會考慮特赦一眾因反送中運動而被判罪的人士，但她深深希望政府可以行出這一步。而且，她認為必須重組警隊，包括把警監會抽離警隊，讓警監會有完全獨立調查警隊的能力。

作為自由身公關策劃人及在創業途中的她，由6月起，運動影響了她的收入。但她沒有埋怨。她認為，犧牲個人收入算不上什麼。她也有被捕的打算。縱然她不是走在遊行的最前線，但在警方濫暴的大前提下，有時候，她會在腦海中想像，被捕後應該怎樣做。在個人消費上，她拒絕在藍店購物。

Amy認為現在香港人最渴望的是重組警隊，因為警暴已成為最迫切的問題。但長遠來說，香港人都希望香港實行雙普選。她認為這場運動沒有退讓的空間。原因是，她不相信政府的讓步是真誠的。譬如說，林鄭月娥早前舉辦的社區對話，在Amy眼中只是一場公關秀，因為對話後警方就大規模拘捕青年人。所以，如果政府只是更換警方高層人員而不是徹底重組警隊，對Amy而言，這都只是一個用來挽救民意的工具。若政府要顯示誠意，成立獨立調查委

員會只是門檻，當中必須交代七二一元朗白衣人無差別打人事件和八三一太子站警方無差別打人事件的資料。

今天，社會完全撕裂，市民政府兩邊走。其中一個她認為能夠修補裂痕的方法，就是要警方「講返人話」，承認自己錯誤，向公眾承諾作出改善。現在，在Amy眼中，香港警方只會強詞奪理、為自己所做的種種暴行提出不同的藉口。

從正面的方面看，她看到這場運動令香港人團結起來。她看到一眾市民願意參與罷食、罷買藍店。她看到這場運動激發了香港人的無限創意，在文宣方面創作出大大小小、形形色色的傑作。她看到這場運動令香港人明白自己不是大陸人，認清中共的強權野心。

整體而言，Amy認為這場運動並不是暴動。她認為暴動是一些人做出違法的行為以達到不道德的目的。但這場運動所追求的是普世價值和一些香港人應有的權利，所以不可能冠以「暴動」之名。Amy又認為這場運動並不是革命，因為革命旨在推翻政權。她認為這場運動不是直接挑戰中國共產黨，而是要保持香港獨有的地位。

「中國共產黨，最想我地呢批香港人移民。」

在香港長大的她，認為香港的核心價值是公義和自由。這兩項價值在1997年之後已逐漸失去。要維持這兩個香港的價值，香港必須維持高度自治，制定合適本港的政策，而不受制於中共政府。但她不認為香港需要獨立。

她認為如果政府依然維持我行我素的作風，香港未來的社會運動必然越來越激進。她希望政府知道，如果政府和民意背道而馳，情況會很糟糕。

在2047年，Amy會是62歲。對於香港未來的想像，她的取向較為現實主義。她認為除了在極不可能的情況下中共產生一名較開明的領導人，讓香港繼續保持公義和自由，在2047年之後，香港就只會淪為一個普通的中國城市。她

看見中共在過去二十年積極發展上海，就是希望用上海取代香港的在中國擔當的國際地位。這一天，爲期不遠。現在的抗爭，是香港臨死之前的掙扎。

何謂「對話」？

我的學術背景是傳播學，同時用人文和社會科學角度研究人際關係。從和Amy的對話和我在過去數月的觀察，我留意到反政府人士對政府的不滿是來自他們認爲政府漠視民意。在6月9日數以十萬計的人參與遊行後，政府仍然發表聲明，表示不會撤回送中修訂草案。9月26日，政府在灣仔伊利沙伯體育館舉辦首場社區對話，說是希望尋求共識，但警方依舊在前線大規模濫捕。這一切令反政府人士質疑政府建立對話平台是否出自眞誠和衷心，或只是公關秀。

顧名思義，「對話平台」的目的是促進多方的對話。何謂「眞」對話？哲學家Martin Buber在 "Between Man and Man"（1947/1967）一文中深入分析獨白和對話的分別。與獨白對應的關係稱謂「我－它關係」（I-It Relationship），而與對話相對應的關係則爲「我－汝關係」（I-Thou Relationship）。「我－它關係」是一種局部性、條件性的關係。這種關係純粹以工具理性而建立。在這種關係中，「我」控制「它」以得到利益。這種關係彰顯在實驗室技術人員和他們的白老鼠上：前者是觀察員，後者是被觀察的物件。根據Buber，獨白的基本動作是自我反射，也就是純粹將他人當作爲自身經驗的一部分，拒絕接受他者的獨特性。這種溝通行爲不把對方視爲人，並把人際關係變成一個手段以達致個人目的。

另邊廂，「我－汝關係」建基在互利互惠之上。這種關係涉及對對方的獨特性作出量身定制的回應。這種關係不限於人與人之間，也可應用在人與物件之上。例如，小提琴家和他們的小提琴在演奏時，小提琴和演奏家身體同時成爲了對方的延伸，二合爲一。「對話生命的基本動作是轉向他人」"The basic movement of the life of dialogue is the turn towards the other"（Buber，

1947/1967，p. 115）。「轉向」除了是調整身體以面向對方之外，也包括把精神專注於對方身上。透過轉向他人Buber認爲對話的發起者能夠感受他者的存在，世界上本來「微不足道的多重點」"insignificant multiplicity of points"（p. 115）在瞬間之中變成「圍繞狹窄防波堤的無限騷動」"limitless tumult round a narrow breakwater"（p. 116）。這就如當一個人望著自己情人的雙眼，聽著情人的呼吸聲，感受著情人的體溫，察覺到情人的獨特性及個體。

Buber不認爲對話只出現在愛情中，但他確實視情人之間的對話（lovers' talks）爲最高層次的對話。其次的是友善的閑談（friendly chat），然後是一般對談（conversation）。最低層次的對話是辯論（debate）。Buber認爲辯論其實是僞裝成爲對話的獨白。因爲辯論表面上看似是雙方在交流意見，但實際上雙方都想把對方置諸死地，視對方爲踏上勝利的台階。

林鄭月娥與一眾政府官員舉辦的社區對話則做不了對話的用途。我理解，因爲時間和空間所限，政府有必要制定程序，以挑選市民進入對話空間。從行政的角度來看，這不是問題。而且，傳媒在社區對話完結後整理的資料發現在場發言的市民大部分是反對政府，所以不存在政府依據市民的政治取態而作篩選。

但是，林鄭月娥在對話會中的回應以及她一向在記者招待會上回應記者提問的方式和口吻，顯示不到她把對方視爲獨立並擁有個性的個體。對話會的形式是，先收集好幾位市民的意見然後一併回應。這反映大會假設了不同市民提出的問題或意見將會重複，正是沒有視每位發言人爲獨特個體。在多個記者招待會上面對記者提問時，林鄭月娥總是顯得不耐煩，並好幾次說「我已經回答了你的問題」。

同樣關注「對話」這一概念的精神分析師Joost Meerloo，在"Conversation and communication"一文指出，「眞」對話需要符合三個條件。第一，對話雙方必須具備同理心。第二，對話雙方需擁有相類似的精神和文化背景以了解雙方使用的符號的意義。第三，雙方必須愛和珍惜對方。

第一個條件，究竟林鄭月娥是否具備同理心，實在無法考證。但一般反政

府人士相信她對受了傷的青年示威者的同理心比起她對被破壞了的八達通入閘機等死物的同理心為低。要對做「真」對話，林鄭月娥及一眾官員必須將心比己，想像如果是自己或自己的同伴受了傷，他們會做什麼或有什麼表示。第二個條件，縱然林鄭月娥、官員和示威者大部分都是土生土長的香港人，同樣說著廣東話，但由於年紀關係，各方接收訊息和使用社交媒體的習慣都不一樣。政府官員必須學習青年人網上的話語，以更了解當下青年人的心態和看法。最後，關於珍惜，反政府人士不相信林鄭月娥珍惜青年人。在8月9日的記者招待會上，她指出參與示威者青年人是一群對社會沒有建設的人（"They have no stake in society"）。雖然，她之後在臉書上澄清，但挽回不了反政府人士對她的極壞印象。

從傳播哲學的角度來看，對話能否成為「真」對話，並非一朝一夕的努力，不可以只關注個別的對話會的安排。「真」對話是建基於雙方的關係。當中，愛和珍惜需要長時間來建立，但破壞就只需一個動作或一句說話。希望林鄭月娥和一眾官員在尋求「真」對話一事上願意用時間來和青年人建立關係，而不是把他們當成工具或政治籌碼來為自身榨取利益。

References

Buber, M. (1967) Between man and man: The realms. In F. W. Matson & A. Montagu (Eds.) *The human dialogue: Perspectives on communication* (pp.113-117). New York, NY: The Free Press. (Reprinted from *Between man and man*, 1947)

Meerloo, J. A. (1967). Conversation and communication. In F. W. Matson & A. Montagu (Eds.) *The human dialogue: Perspectives on communication* (pp.140-147). New York, NY: The Free Press. (Reprinted from *Conversation and communication*, 1952).

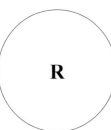

票選一個
真正屬於港人的政府

R

以下為受訪者R（化名）的訪問紀錄，由R以第一身講述：

　　我的立場為支持。

　　香港由主權移交一事起，就以一國兩制運作。香港人接受的教育為西方教育，由個人身分認同至香港三權分立，這些知識都是從學校接收的。你賦予香港人自由民主，並承諾五十年不變，在期限內，你就不能一次又一次的想跨境管治。送中條例，實際作用是在香港法治制度打開缺口，想將香港引以為傲的法治瓦解。每位接受過教育的香港人，知道什麼是公民權利，知道法治的重要性，亦同樣不信任中國的執法模式。

　　法治社會瓦解之下，香港吸引之處將大大減少。沒有人願意在法治蕩然無存，純靠關係的地方做生意，這就是上海超越不了香港的原因。

　　在你的家園將被人以最強的矛（強權）攻最弱的盾（由政府維護的法治）。當此盾被攻陷，唇寒齒亡，香港人就以肉身組成另一個盾抵在此盾之後，你要攻，就得把民意壓垮。

　　社會以人民組成，本應以人為本。政府應該害怕的是民意，而不是

市民對政府感到恐懼。

　　我就是其中一員，為保衛家園，獻一己之力，抵抗強權。

問：你在這場運動中擔當過什麼角色，曾參與哪些項目？

答：網上捐款、物資捐贈、物資運送／傳遞、分享網上示威資訊、網上支持示威者、簽署網上聯署、罷工／罷課／罷市、遊行／集會／人鏈。

問：你是在何時參與這場運動的？

答：我由6月16日，200萬人的遊行開始參與這場運動。

問：是什麼驅使你決定站出來參與這場運動？

答：第一，6月9日多達100萬市民上街遊行後，香港行政長官當天晚上宣布，送中條例如期二讀。潛台詞為，意見接受，態度照舊。不是市民反對就逼使你立即撤回條例，而是在政府回應速度就反映給100萬香港市民：我絕對沒有意欲接受你們的意見，所以不用討論，也沒有討論空間，你們放棄吧。

　　第二，在6月12日，在民陣已申請不反對通知書的前提下，向手無寸鐵的市民發放催淚彈，發射橡膠子彈。在驅散人群的時候，向人群中發放催淚彈，而指引清楚列明為不能向人群中心發放，香港警察驅趕香港市民進入中信大廈，而中信大廈只有一道門沒有被鎖，險釀人踩人慘劇。香港警察視人命為螻蟻，行為形同謀殺。

　　在香港政府認為100萬市民的民意不成民意，在香港警察不再為保護香港市民為己任，我所能及的是，走上街頭，以人數直接告訴香港政府，香港市民的民意。

問：你認為這場運動爆發的主因是什麼？

答：我認為主因是林鄭月娥完全漠視民意。6月9日有約100萬市民的遊行，要

求特首撤回，而即使有這麼多市民上街表達意見，特首仍然在當天晚上宣布如期二讀。明顯是漠視民意，而且雖然遊行人數不能確實定奪，但可以肯定的是市民需要等候起步，代表整個遊行路線可容納的人已滿，代表當時的人數不是小數目。然而，特首如期二讀一舉令市民無不嘩然，令市民，包括我自己，感到不被重視，失去發聲的權利，特首不為人民服務，決策不用經市民同意。漠視民意，漠視香港人第一個要求，撤回送中條例。這是爆發的主因。

問：那你認為這場運動有沒有反映出香港社會出現了問題？有的話是什麼？

答：有，例如香港年輕人的前途灰暗。香港社會的流動性低，就算有高學歷，未必可以靠學歷走向社會上流，或改變自身的經濟狀況。年輕人的出路狹窄，前途灰暗，因此不少年輕人不計後果地抗爭。他們可能視這種舉動為有意義的事，勇敢地站出來爭取、發聲，逼政府及大眾正視問題，同時也有人選擇結束自己的生命。我認為每人的生命都是有意義的，雖然為公義自由發聲是有意義的，但不是生命唯一的意義。不是年輕人自感人生苦悶，前途灰暗，其實是社會制度的問題。

香港政府漠視200萬人的民意，縱容警方暴力、行私刑、性侵犯被捕人士，打壓集會及遊行自由。香港警察濫捕異見人士，剝奪被捕者權利，攻擊記者，阻礙救援，違反國際人道法，香港警察與黑社會合作。

問：你參與這場運動時印象最深的經歷是什麼？感受如何？

答：對我而言，最深刻的有很多，其中最甚的是八三一太子站警方無差別攻擊。當晚的我透過電視直播及媒體報導得悉有速龍小隊衝入太子站月台，然後不分男女老幼，不理眼前人是誰，一棍一棍的往市民身上甚至頭上打下去。手無寸鐵的市民面對整副武裝的速龍小隊，毫無招架能力，只能用傘作有限的防禦。甚至有片段顯示，有市民被速龍小隊攻擊後不醒人事。警方一直強調只用最低武力清場，但從當晚各方傳出的影片段，站內的只

是一班普通市民！有的下班回家，有的逛街回家，有的參與完社會運動，但絕對沒有看到有人具威脅性，沒有需要動用武力。然而速龍小隊一落月台就衝入車廂瘋狂襲擊香港市民，執法者化身成有牌打手，肆意踐踏市民人身安全。

及後，警方對外宣稱無人受傷，拒絕站外急救員入站，更要求站內急救員面壁。一邊廂虐打市民，另一邊廂拒絕人道救援，種種痕跡都是警方漠視市民性命，以權力凌駕一切。

事情發生後，發現當晚傷者延遲送院、太子地鐵站封站三日，多名市民於八三一的太子事件後失蹤、懷疑有人被警方以不適當的武力致命、消防救護到場點算傷者人數與其後公布有出入、地鐵拒絕公開閉路電視等等的消息，一切都令市民清楚知道，警察不再是市民的守衛，而是香港最大的恐怖組織。

問：這些經歷和感受有沒有影響到你在其中的角色？如何影響？

答：有絕對影響，其實自運動開始後，警方的行為已經不被認同，我亦逐漸對警方失去信心。而經過八三一之後，我對警方一詞反感。原因是因為警方是香港合法持有武力的部隊。而當晚的事情直接顯露到警隊能夠恣意妄為的對市民運用其合法武力，即是俗語所說的「有牌爛仔」。警方的合法性武力，是源於法律所賦予並用之去保護市民的安全。但如今卻變成有合法性武力去攻擊市民，完全跟本意背道而馳。正因此事發生，我覺得香港的執法部門已經無法再合理的執行其應有職務。而香港人的安全，要由市民自發去保衛自己。所以更多的人，包括我，由本來只是在家看直播，到親身參與各樣社會運動，例如人鏈、文宣牆、集會，走上街頭，就是要向政府，向世界宣示我們的不滿。香港人是不會向霸權低頭！香港人會站到自由黎明的一天！

問：反送中運動自6月9日至今，你認為這場運動會延續多久？又，你覺得為什

麼能延續至此？

答：我認為這場運動會將延續到2020年尾時段。

中國中央一直支持著香港政府及香港警察的行為，現在香港需要的是一個制衡他們倆的第三方。現時出現了世界各地支持香港的聲音，而有實際行動幫助香港的，不得不提美國的《香港人權及民主法案》。

《香港人權及民主法案》已被美國眾議院通過，而此法案實屬美國內政，不由中國所影響，如下一步，《香港人權及民主法案》得到美國總統簽名核實通過。中國需要回到年檢時代，美國將會每年都確保香港政府在立法、行政及司法部門都能在維護法治和保護公民權利上達到自主決策，從以評定香港是否能繼續擁有不同於中國大陸的獨立特殊待遇，如商業協議、執法合作、不擴散承諾、制裁執行、出口管制協議等。更重要的是，此法案得制裁對象為有進行嚴重侵犯國際人權行為等負有知情責任的人士，即是警察和香港政府官員等知情人士，都會遭受到美國各方面的制裁，如簽證待遇、美國過內資產和移民待遇等。繼而，法案對商人、香港政府及警察形成一個制衡作用，皆因他們要面對的將是一條直通大灣區的道路，而不是可移民到美國的後路。

美國總統大選將會影響到香港局勢，中美貿易協議尚在進行中，美國總統特朗普期望連任，《香港人權及民主法案》必成為他需要解決的事情。如果想要得到美國人民認同，這將是其重點之要。而美國總統大選將在2020年11月3日舉行，此日期之前，香港都在美國參眾議院兩院的排期上。

問：你期望這場運動能達到什麼？你又有多少覺悟、或者願意犧牲多少去促成這個目的？

答：我期望這場運動能回復香港舊有面貌，依然三權分立，互相制衡，香港人可以在一個安全又公義的城市生活。五大訴求為徹底撤回修例、收回暴動定性、撤銷對所有反送中抗爭者控罪、徹底追究警隊濫權情況，以行政命令解散立法會，立即實行雙真普選。這五大訴求都根據在反送中運動出現

後出現的問題，逐點解決，大都以想回復舊有面貌爲前提。我們想要的是一個警隊以不畏懼、不徇私、不對他人懷惡意、不敵視他人的態度去執行他們的職務，爲保護市民爲己任，想要一隊可揚名海外的紀律部隊，而非臭名遠播。就基於警隊濫權濫暴的情況，才會引伸於撤銷所有抗爭者的控罪。基於6月12日的暴力驅散，政府定義這場運動爲暴動，參與運動的示威者爲暴徒，將社會完全分裂爲兩個政見派別，才會有收回暴動定性的訴求。

如果香港並不能回復舊有面貌，我們並不只是失去自由，我們被中國在五十年期限之內被伸手管制，失去香港的自主性後，美國會重新審視香港，取消對香港的特殊待遇，外資將撤走。繼而，香港將永遠失去國際金融中心的地位，作爲一個以金融業及旅遊業繁榮的城市，香港將失去一切閃光點，經濟將一蹶不振。在失敗的最壞情況是香港沒有前途的前提下，我願意犧牲自己一切能力範圍可做的，去爭取香港的未來，再論自己自身的未來。

問：你認爲現時你或香港人最渴望的訴求是什麼？
答：我認爲現時最渴望的是光復香港；要的是一個由港人自己票選出來，眞正屬於香港人的政府，另外的就是重整警隊。這場運動的起源是因爲政府的送中條例，本來訴求亦只是反送中。但經過長達四個月的時間，運動過程中不斷揭露政權腐敗、特首獨裁、警察濫權等問題。令香港人發現香港生病的原因，不是單單的送中條例，而是當權者！正正是當今政府，一次又一次漠視民意，縱容警察殘害市民，將社會分裂不斷加深。而重整警察，是因爲如今的警隊已經違背了他們當初的誓言，不再保護市民。反之淪爲腐敗政權打壓市民的政治工具，從保護市民的盾走向守衛霸權的矛。所謂公僕站在市民的對立面，如何令大眾相信有眞正危機時，還能依靠警隊？光復香港，重整警隊，刻不容緩！

問：假設這場運動能談判，但雙方或許在某程度上要作一定的退讓，你認為怎樣的條件你或香港人能接受？

答：其實現在社會太多立場，太多聲音。真所謂當局者迷，作為香港人，我對前景的也是十分迷惘，我不知道誰能出來作為代表談判，又能夠和誰談判。到底應該跟特首談判，還是和中央談判。

　　畢竟歸根究底，警察聽任於高層，聽從指揮是紀律部隊最嚴苛的要求，他們的行為在這麼混亂的情況，是不可控的。正如戰場上的士兵，誰能控制自己的情緒，要不然戰爭後遺症是如何確診的呢？所以能跟示威者談判的絕對不會是警方。

　　那跟特首談判？但是特首聽從中央吩咐已經是放在桌面上的秘密，她的舉動都在中央的監控中，那她的回應，真的是作為地方政府為地方著想的回應嗎？那麼如果是為了中央集權所產出的回應，絕對不會是香港人想要的，至少對於大部分年輕人，都是不希望接受共產主義的高壓統治的。

　　難道要跟中央談判嗎？那在我印象中，中國很少會退讓，就算給出了承諾，甚至簽下了聲明書，都未必會完全遵守，總能找到漏洞，「友善」的包裝。

　　那爭取了這麼久的示威者會退讓嗎？在情，爭取了這麼久，不想簡單退讓。在理，被傷害的人難道能從輕處理？況且，這次的抗爭並沒有大台支持，沒有所謂的領袖，那誰能作為代表談判？

　　所以，其實無論哪一方，出來的人都未必有公信力。現階段出現的所謂的公眾對話也是小圈子政治，特首日前作出的對話無疑激化矛盾，因為這麼多的限制，讓人感覺她根本沒有給出聆聽的姿態。

問：你認為如何才能處理或修補社會上的撕裂？你或香港人如何才能重拾對政府的信任？

答：我認為政府應該檢討他們現時的做法。在民建聯，又名保皇黨，他們應該多建樹，少說話。例如何君堯議員多次出口辱罵民主黨議員及市民，但本

身的職務則表演欠佳。各議員的職責在於為該區市民謀福祉，應重回此方向上繼續做有建設的事。在特首方面，若想香港人重拾對她的信任是相當難的。首先，她要聽取市民意見，而不是視之為政治騷。聽取完後，她要確保她完全理解市民的意見及做出相關的行動。她現在的做法是聽取意見後，就繼續以自己的看法推行一些她認為可行可改善的政策，但這些政策均是治標不治本的，或者是無關痛癢的。

雖然政府可能未必有此權力決定一切，例如滿足五大訴求，但至少要讓市民知道她有為香港市民爭取，而且這些爭取是有進展的。政府需要對症下藥，例如警察濫暴一事，政府應就事件去調查而且將結果公開。而市民對政府的信任是不能一時三刻復原的，需要長時間且一步一步累積的。政府需要注意時機，不要等合適的時間過去才決定行動，例如在9月才宣布動議撤回，是已經錯過時機，不但對民望沒有幫助，更會令民望下降。

問：在你看來，截止目前為止，這場運動對你、香港和香港人，有沒有帶來改變？有的話是怎樣的改變？

答：在6月前，香港可以冷漠一字總括。人與人之間沒有連接，亦沒有溫度。不同年代的人有不同的標籤，分裂這個社會。運動發生以後，人情味隨處可見，市民的確有歸邊的情況出現，全港市民分為黃藍，但我們都少了以前的那種事不關己，高高掛起的狀態。

在10月之前，口號香港人的下句為加油。10月之後，下句為反抗。

在6月之前，和外國人談及香港，會收到「That's a nice city」的回應。6月之後，會收到「That's a dangerous city」。

在繁忙時間的港鐵車廂，大家會為逼而感到暴躁，會自私得堅持站在門前位置，不願盡量行入車廂。在遊行接近完結的港鐵車廂，香港人為上得一個得一個，把車門頂著，將人與人之間的距離縮到最少，把車廂的載客量最大化。香港人以前會被人標籤成只為利益，但我們卻為自由願意放棄一切。

最大的改變應是我們的接受程度，在2014年雨傘革命，我們會認爲催淚彈已是最高等級的武器，在2019年，我們卻能夠以彈殼分辨該子彈是什麼子彈，由什麼口徑的槍發射，各種子彈的殺傷力。我們以一個極速的速度去進步，我們由帶著普通的醫生口罩，變成分辨出各種豬嘴濾罐可阻擋催淚彈的能力。

以及香港警隊的聲譽，由世界第一的警隊變成濫權濫暴濫捕的「執法人員」。香港，由東方之珠變成催淚之城。香港人，由發生意外向警察求助變成出街見到警察會緊張害怕。香港警務處承諾力求在九秒內接聽每一個999來電，但緊急求助熱線999再也處理不了香港的緊急求助案，反而轉告市民，「驚就唔好出街」。香港警察承諾港島及九龍區的平均回應緊急求助電話的時間爲九分鐘，而新界區則爲15分鐘，其後，香港警察告訴香港市民請自行到警署。香港人需要背誦的是救護車消防處的熱線，靠自己處理各種意外。

問：你認爲這是一場運動、暴動還是革命？你怎樣理解三者之間的分別呢？
答：我能很明確的說，這是一場運動。

就我的理解，暴動就是一場毫無目的、爲了破壞而破壞、純粹洩憤的行爲。暴動目的薄弱，事後亦不會得到大眾的認可。暴動通常出現在無序的國家，可能因爲最簡單的生存問題而引起的行動，例如爲了搶奪糧食，爲了逃離某地方而出現的人潮等等。社會能夠理解這種現象，但絕對不想在自己的地方發生，因爲這是爲了生存，而必須作出的行動，無所謂立場，也不存在理性。

然而革命，通常伴隨著一種統一的價值觀，而且是爲了推翻某種社會政治的產物，而革命需要用鮮血點燃。以上種種，彷彿與我們現在發生的事很相似，也說得通。但我認爲，如今我們缺少了革命中，有明確前景的憧憬，推翻政權後對日後的企劃，這些都是我們所缺乏的。過往，被定義爲革命的共通點是，革命者知道如果推翻了政權，他們日後能有什麼打

算，應該推舉誰爲領袖。革命者也會很樂意爲了未來的政府，投身其中，變成如他們所願的政治。但在現在的香港，明顯看到抗爭者的目的和訴求，但他們眞的是爲了推翻整個政權，另立一個嗎？彷彿並非如此。他們對於未來有一個大概的觀念嗎？眼見的是他們對如今的境況都感覺到迷茫，不知道日後的路該怎麼走。在我看來，這些都很難歸爲更完整、更徹底的政治追求，因此不能歸爲革命。

更進一步而言，示威者並非不滿於現在的政治架構或是政權，他們追求香港人的核心價值，追求法治精神，追求一國兩制。他們不滿的，是即將被破壞的三權分立，一直被中國政府干預的施政。正因爲香港本來應該擁有高度自治，所以當這些核心價值在以肉眼可見的陰謀吞噬時，人們才會出來反抗。那麼這些，在本質上和革命就並不相同。

如此可見，現在這場抗爭更傾向於是一場運動，都有一個共同的目的，帶著這樣的共識作出一些武力的抗爭。爲了表達不滿，可能有一些外界看來過激的手法，但行爲背後的目的性，並不能歸類爲暴動。同時也不是爲了推翻政府而作出的抗爭，所以也不能說是一場完完全全的革命。

問：你認爲香港的核心價値是什麼？要如何保留、維持、發展？
答：如同2004年《香港核心價値宣言》所記載，我認爲香港的核心價値是民主、自由、法治，雖則現階段香港政府的施政措施都與這些價値觀背道而馳，但民主、自由、法治是《基本法》賦予香港人的權利，根據《基本法》第三章的條文，香港人有集會、出版及言論自由，每個人均依法享有選舉權及被選舉權，人人在法律面前一律平等。

可是，香港政府及香港警察再三剝奪香港人的人權，不但以主觀標準褫奪本民前代表梁天琦的參選權，更以禁蒙面法、不批發不反對通知書限制香港人的自由，更可笑的是，香港警察不受此限，爲避免警員被「起底」，他們可以匿名X或Y作爲控方證人，法治被摧毀，香港人不再是人人平等，市民被壓迫，高官及特權職業草菅人命。當民主、自由、平等被剝

奪，該談的已不再是如何保留或維持，而是如何奪回香港人應有的權利。

　　當獨裁成為事實，革命就是義務。要奪回香港的核心價值，社會運動乃必然發生，我相信今次反送中乃香港歷史上的啓蒙運動，意識到一國兩制只是一個謊言，香港人若要有真正的民主普選特首，一定要從根本地進行政制改革或推翻極權港共政府，香港才得以解放。

問：你認為香港未來的社會運動會以什麼方式進行？

答：只要香港依然三權分立，保障示威者最基本權益，他們可以合法合理地上街遊行，發生爭議時，有途徑可以尋求公正的審判，這就是我最希望能看見的社會運動。盡量不被負面情緒蒙蔽，也不要對暴力感到麻木。無論哪一方立場都好，立場就只是立場，但法治、道德和良心才是社會能繼續發展的基本。如果只是因為不同的政見，不同的出身，就產生仇視情緒的話，社會分化就是唯一結果。所以社會運動無論以什麼方式進行，黑白是非要分清，沒有人能為你的良心負責。

　　當然，如果說實際的，文宣和上街示威是可以同時進行的，正如政治都需要高壓懷柔並施。如果說示威是引起注意的手段的話，那文宣就是能表達示威深層意義的助力。正如一個將軍帶兵抗敵，背後肯定會有主戰的文臣在政府內部協助，是幕後，但卻是最重要的助攻。現階段，示威已經能引起社會各界，以及國際間的注意，那麼在文宣中，重申運動的意義，以及在各大平台，收集各界別對未來展望和計劃，就是現在的當務之急，也是社會最想要的結果。

問：你對香港未來的想像是怎樣的？例如理想前景、制度、國際地位等等？

答：我們所追求的從來不是港獨，因為香港的發展方向，並非以國家為前提去發展的。如果真的想要成為一個國家，那麼第一產業和第二產業就必須興起，然而這樣做就是勞根動本，將香港都優勢和特點削弱。所以我們首要追求的是回復舊有面貌的香港。

短期目標來看，我對未來的想像是希望可以實行一人一票普選特首，由真正為香港人著想的人管治香港。因為大部分社會問題的根本是管治港人的特首並不是由港人自行選出。當有更多人關心政局和社會發展，我對香港的前景是樂觀的。例如經濟問題，以香港的條件，其實需時少於半年，就可重回衝突前的高峰。當香港人要月入7萬，月供30年才能買得起800萬幾百呎的樓宇，生活是何等壓迫。香港的未來需要用智慧、對核心價值的赤誠所建造，香港需要「死」一次，重光的一天才會降臨，香港的民主、自由、法治才能得以保留。

參考彭定康於北愛爾蘭發表題為 *A New Beginning* 的報告，香港可就警隊信譽過低一事，重整警隊內部責任制度，首先每一位警察執行任務時都需要把委任證掛在身上，清楚表明警察身分，或在制服上清楚標明號碼，以便市民辨識警察的身分。在有了證明的時候，警察將可被分辨及記錄所作所為，市民才誠心配合警察的任務。其後，警察是就地區去分隊的，每一隊的隊長需全權負責自己隊內成員的行為，跟足過往指引進行，警員需為拔槍一事撰寫報告，並提高程序的透明度，不能夠像現在一樣把程序簡化，市民連誰曾開槍都不知道。由於現在警民之間零信任，需要建立信任就得由程序入手。第三，可設置第三方撰寫評估報告，去評定該隊警察有沒有跟足指引去做，把濫權濫捕的情況扼殺在程序中，避免此等情況發生。香港警察作為紀律部隊，應以程序去做事，才是長遠可行之法。評估報告應關於人權的尊重度，有否跟足指引，如把被捕者的資料清楚抄寫，把被捕者送往第二個區的時候，做好文件工作，被捕者在被捕後多久接觸到律師，搜身時是否同性警員去搜同性被捕者，被捕人士如表明受傷，多久能夠到達醫院治療，等清楚列明在警察指引上的，都可成為評估報告的檢查事項。繼而可以評估報告去重新建立警隊信譽。

在房屋分配制度上，我認為應把分配資源的優先對象給予擁有香港永久居住權及在香港出世的香港市民，而避免出現新移民可在2年內有公屋，香港市民卻平均要等7年。要不然就把全部人放在同一條隊，但並不

是新移民有特快通道。在公平透明的制度，資源可以幫助到眞正有需要的香港人。

願時光回到2000年 *

*由編輯團隊摘錄自篇章

以下內容包括亞成（化名）2019年反修訂《逃犯條例》運動的參與、他的觀察和體會，以及他對未來的希望和想像，文末記下訪問員對亞成及運動的觀察。

在反修例運動中的參與

亞成在這場運動中，多次參加遊行集會，也參與了罷課，網上方面包括主動收集和儲存網上影像和視頻作為歷史紀錄、分享這些資訊、簽署網上聯署等，其他參與有在大學內建立連儂牆、在遊行現場幫手傳遞物資、購買和送出樽裝水、現場捐款等，參與的起點是反對修訂《逃犯條例》，7月之後重點轉移到反對「警暴」。

雖然反對修訂《逃犯條例》的運動蘊釀了幾個月，亞成自稱遲到「6月頭」聽到大律師公會就此事發聲，才開始感覺到這件事「殺到埋身」，提高了關注。

6月9日亞成和家人（父母、妹妹、長輩[1]一人）參加了反修例運動的「百萬人大遊行，」他和家人有一個想法，十多年前市民以遊行方式表達對「23條」的強烈反對意見，成功令政府收回，因此相信同樣方式的表達可以令政府收回修訂《逃犯條例》。

　　亞成的長輩八十多歲，早年在內地做技術工作，夫婦都是知識分子，文革時期受過批鬥，因此亞成對於內地的負面情況略有所聞，亞成另一邊的長輩與中華民國有感情聯繫，他還記得年幼時跟隨他們參加雙十國慶慶祝活動，因此他的家庭含有對中國現政府不信任的背景。

　　9日的遊行，亞成形容以輕鬆的心情參加，到金鐘後他留守現場，與其他遊行人士共同唱Hallelujah，感到氣氛很好。

　　9日百萬人大遊行後，特首林鄭月娥宣布按原定計劃於12日把條例送交立法會二讀，亞成感到很錯愕，覺得政府「迷失」了，隨後他在大學參加了法律學院舉辦有關修訂《逃犯條例》的研討會，認為建議的修訂不足以保障被引渡者的人權，例如外地引渡方提出的表面證據香港的法庭不能質疑。雖然這個情況在其他國家也一樣，但是亞成指出香港與歐美國家很不一樣，人家的首長是向人民負責的，而香港的首長不是民選因而不是向香港人負責，而是向中央負責，這是根本性的分別。

　　6月12日有人發起包圍立法會，亞成和女朋友去了金鐘，動機是去表示支持「前線」，他們保持在較為外圍的位置，由於人多，漸漸轉移到夏慤道路面之上，下午三點多，他聽聞「前線」往前衝，跟著知道警察發射催淚彈和子彈，然後嗅到了催淚彈的煙和有生理反應，即時生起「怎麼會這樣」的想法，他和周邊的人決定向後移，騰出空間給前線的人撤退，他憶述當時感覺很冷靜、很理性，但是又很像一種「封閉、壓抑」的狀態，因為隱隱有「拋下戰友」的感覺，他說兩三日之後，他在地鐵車中突然激動到無故哭起來，大概是壓抑過了臨界點必須宣洩。

---

[1] 指祖父母輩。

12日亞成回家後，上網檢視當天的視像紀錄，發現有些現場畫面沒有得到廣傳，他覺得自己在現場和有使用電腦的能力，有一定的社會責任，所以決定採取主動，盡量把網上的畫面和視頻存檔，確保將來不會被社會丟失和遺忘，又把材料在社交媒體傳出去，讓多些人知道發生了什麼事，在這個過程中，以及在隨後的幾天，他反覆思索清場的畫面，逐步沈澱所見所聞，並且把當日見到的情況與自己對社會的構想和價值觀對比。

　　6月15日特首宣布「暫緩修例」，但是亞成依然參加了6月16日反修例「200萬人大遊行」，首先他對政府十分不信任，因為他見到特首對「百萬人大遊行」不聞不問和堅持強推，而且以他的理解，「暫緩」不等於「撤回」，其次但其實是更強的原因是他十分強調的6月12日的「警暴」，他認為必須以個人行動表示憤慨的立場「must make a stand」，除了催淚彈和開槍，他非常不能接受速龍小隊沒有肩章號碼，直覺感到十分不妥，認為事件揭發後特首毫無反應是「縱容」，他提出「Who police the police?」（誰監督警察？）和「Where is check and balance?」（制衡在哪裡？），亞成覺得他的強烈反應與他對法律原則較有認識有關。

　　6月16日亞成從維園出發，手上帶了花，去到金鐘時放下，懷念反修例自殺者，也藉以表示自己對事件的關注。他憶述從銅鑼灣到灣仔到金鐘，一路上感到人很多但不見警察，自己沒有怎樣思考，只是跟著大隊走，沿途的商舖都貼了支持反修例的海報或標語，途人鼓掌或大聲表示支持，食肆主動提供廁所給遊行者使用，路邊有人主動提供樽裝水及其他物資，場面十分壯大，也令他感到身在一個很團結和很親切的群體之中，由於人數很多，他晚上七、八時才離開，當時他想政府大概會有點回應吧。

　　6月18日特首公開表示「道歉」，但是亞成說可惜見到的是特首口說「道歉」卻沒有鞠躬，顯得所謂「道歉」沒有誠意。

　　7月1日他再次參加遊行，由維園去到金鐘、中環，他只是走在隊伍中，喊喊口號，當晚示威者衝擊和進入立法會破壞，他從電視看到了很多畫面，甚至從中見到他認識的人，問他對破壞行徑的看法，他說如果發生在五年

前，即是佔中行動期間，他會認爲是「暴力」，但是經過一連串事件之後，他變得沒有什麼感覺，又說他不會因爲破壞立法會事件而與「前線」「割席」。

7月1日之後，亞成說他少了去遊行，直到7月21日他參加了港島的遊行，於黃昏五六時左右回到元朗區的家。他說自己非常幸運，因爲如果他留在市區吃完晚飯才回家，他便會在元朗站成爲「無差別襲擊」事件的受害者，很多朋友給他打電話問好，令他更深刻地感受到受襲的威脅，即晚看了網上畫面後，他感到必須做一點事，寫了一封電郵給他認識的資深教授，呼籲他借助他的社會地位公開或直接向政府高層表達對駭人暴力事件的關注。

亞成對「無差別襲擊」事件十分震驚，無法想像竟然會在香港發生，覺得非常「離譜」，他看了很多網上資料後，認爲有充份證據顯示過程中警察有多次機會阻止事件發生，但是卻完全沒有做好應對工作以致釀成不幸，他也認爲證據顯示警察故意縱容某些勢力作出粗暴行爲。亞成強調他是evidence-based（以證據爲本），不是憑空捏造或感情用事。

「無差別襲擊」事件是主要轉折點，他對運動的理解產生了重大變化，在此之前，他看成是對修訂《逃犯條例》的「政見爭鬥」，元朗無差別襲擊之後，他對新的口號「黃藍是政見，黑白是良知」很有感應，覺得「警察暴力」成爲運動的新主題，市民必須以行動表示對警暴的不滿。

7月26日元朗遊行，他的家人參加了，但亞成因爲有事情要到市區辦沒有去，8月5日「三罷」他去了金鐘參與，再次吸到催淚氣體，不過他說「預咗」，不算什麼事，他增添在催淚煙氛圍下集體後退的經驗，8月8日他陪同八十多歲長輩去了維園參加「流水式」遊行，在銅鑼灣擠了三個小時仍然寸步難行，考慮到長輩的歲數提早離開，其後8月他再參加了兩三次遊行。

亞成說推動他持續參與的兩個因素是「五大訴求」和「警暴」，他尤其重視要求成立獨立委員會，在遊行期間，他還主動買了樽裝水隨意放下供其他遊行人士使用，也有捐款給物資站，感覺自己對運動有些實質貢獻，算是「做咗D嘢」。

到了9月4日，特首終於公開用了「撤回」兩個字，但是亞成覺得來得「太遲」，令他更加憤怒，事實上幾個月過去了，6月12日的「警暴」已經因為多次示威衝突引申出了眾多新問題，而特首堅持拒絕成立「獨立調查委員會」，造成憤怒逐步累積。

9月28日他們一家包括長輩一起去添馬「雨傘五周年」集會，這個集會有不反對通知書，所以一家人去合法合理，他們決定去參加的目的是與大眾走在一起，為運動壯大聲勢，集會本來相安無事，但是忽然宣布應警察要求提前結束，與會群眾需要離開，亞成形容當時的情況像「走難」一樣，後多人擠逼在一起，心急想走但難以走動，他說幸好八十多歲的長輩很清醒和理智，還跟大家一起商量怎樣走，撤退過程最後有驚無險，但是亞成十分不滿警察提早結束集會的要求，他稱集會人士完全沒有挑釁行為，警察「無端端」製造不必要的混亂。

當晚之後，他覺得自己有需要做更多的事，他和同學在香港大學其中一座教學樓建立了連儂牆，目的是促進讀商科的同學為運動出聲。

10月1日運動以「多區集結」形態出現，亞成和家人一起去了銅鑼灣和中環，參加了遊行，喊口號之外還派了溪錢，他記得口號有「沒有國慶，只有國殤」。

10月4日星期五特首宣布根據緊急法立反蒙面法，他覺得雖然立法過程合法，但是具體內容存在爭議點，他又覺得反蒙面法是火上加油，令支持運動者更加憤怒，因為先前幾個月見到警察的暴力逐漸升級，對政府和警隊的信心大幅下降，如今政府面對局勢似乎無計可施，希望藉反蒙面法加強對示威者的控制，他擔心後果是警察更加「亂來」。

10月6日星期日亞成去了港島參加遊行。

對反修例運動的理解和未來展望

根本原因

亞成認為有三個方面：

1. <u>青年人社會流動性低</u>－年青人的薪金偏低，難以生活，回歸之前，勤力的人可以提高生活水平，有社會流動，但是回歸之後，流動性消失了，勤力也沒用，事業看到前景。

2. <u>不信任中央政府</u>－他認為中央多了介入香港的事務，例如釋法促成民選議員被DQ（disqualify撤消議員資格），香港人失望和難以接受，對「一國兩制」失去信心。

3. <u>樓價飈升</u>－近年樓價升至市民不能負擔水平，政府卻種種藉口不願意開發明顯存在於新界的大面積棕地，市民無法理解，對政府的不滿增加，大專學生感覺尤其強烈，畢業後一生都買不起樓，覺得「很傷」。

他又指出：2014年運動之後，香港人多了關心政治，其中一個衍生物是「民族黨」，觸動中央政府反彈，然後見到陸續有議員被DQ，令人感覺中央政府多了插手香港的內部運作，「一國兩制」的「兩制」似乎被蠶食，幾年之間醞釀和強化了部分香港人對中央政府的抗拒心態，化為今次運動的動力。

觸發、持續

亞成認為運動以修訂逃犯條為起點，觸動對中國政府的不信任而誘發破紀錄的大規模遊行，至於運動持續幾個月，亞成認為主要與特首處事的手法和態度有關，指她「作風強硬，十分離地，不斷出錯牌」，連續多次錯過令運動緩和甚或停止的機會，例如6月9日大遊行後有機會撤回卻宣布如期二讀修訂法案，6月12日大遊行後公開道歉卻堅持不提「撤回」二字，9月4日遲來的「撤回」嚴重失去時機，市民已經沒興趣理會了，因為運動的焦點早已轉移了去「警暴」。

6月12日後衝突暴力持續升級，對「警暴」的描述陸續積累，7月21日元朗

事件和8月31日太子站事件後，要求獨立調查委員會成立的聲音越來越強，但是特首重複了處理反修例訴求的同樣錯誤，態度強硬，堅持拒絕，一次又一次錯過時機，以致造成運動無法停止的僵局。

亞成認爲政府拖延回應民間訴求，製造了機會給其他話題滲入到運動之中，例如元朗事件後提出的「官商鄉黑警」，以及在怨憤積累之下，市民想像或望換政府可以改變現狀，越來越多人喊「光復香港，時代革命」，醞釀出「港獨」氣氛，惹來中央政府注視，令形勢變得更複雜，但是亞成個人觀察，喊口號的人想的是「價值觀念」革命，實質沒有「政權革命」的想法，他認爲眞正要求香港獨立的人非常少，只要政府能夠以行動展示「一國兩制，港人治港，高度自治」得到切實執行，香港大部分人是會「收貨」的，不會支持「港獨」。

對運動結束的想像

亞成說他看到近來（指10月初）破壞行爲急速升級，部分行爲他不能支持，擔心會引來民意逆轉，但是政府方面對運動訴求又沒有任何回應，以致他看不到運動的結束，看不到香港有「好睇的出路」。

亞成說運動到了這個階段，他最期望成立有公信力的獨立調查委員會，更期望香港能夠重建幾個月來受到破壞的法治，因爲法治是香港社會的基石。

亞成相信大部分香港人此刻最渴望見到成立獨立調查委員會，希望保障香港將來不會再出現幾個月來的「警暴」和「無法無天」事件，他特別提出的事件有：

1. 七二一元朗白衣人無差別襲擊，甚至可能涉及警察與地方勢力勾結
2. 八三一太子站警察無差別襲擊，嚴重程度衍生「打死人」的傳聞

他認爲大部分香港人都認爲七二一和八三一兩次事件尤其需要徹查。亞成反覆強調市民不滿「警權過大」，政府必須認眞處理，但是他注意到特首和政務司只是不斷重複談由監警會跟進，鑑於過去的紀錄，市民知道監警會沒有主動調查權，是「冇牙老虎」，因此「大家都唔信」。

談到怎樣可能令動蕩緩和，社會撕裂得以修補，亞成覺得非常難以解決，勉強想像也許可以是這樣的場景：特首成立獨立調查委員會，根據成果整頓警隊，重置於法律控制之下，行事有規有矩，嚴守合法拘捕原則，適時展示委任證等，至於個別事件、個別案例，可以酌情放生大部分，嚴肅處理少數情節特別嚴重的案例，以儆效尤，他坦白地說：「兩邊都要祭旗交人頭」，而「放生」則應同等適用於示威者和警察，假如這樣做，運動參與者或者可以視為政府回應了訴求，能夠稍作退讓和停止遊行示威。

（訪問者註：這個做法香港有前例，1974年廉政專員公署成立，數年之間很多警察被捕和起訴，警察人人自危，1977年警察人員武力衝擊廉署，香港總督為了穩住局面，以釜底抽薪的方法解決積累多年的警察貪污問題及化解警廉衝突，宣布特赦警察過去的貪污行為，但保留追究情節特別惡劣的個案。）

亞成又稱，現在大部人對政府已經去到零信任，有必要重組政府，不過他覺得特首沒有意向做這件事，他說看完最新施政報告後，完全看不出特首在思維和施政方面有什麼轉變。

對於運動可能帶來對香港的影響，亞成覺得運動加強了市民對香港的關心，令越來越多的人關心政治，他舉例說，雨傘運動時遊行人數最多約50萬，今年反修例遊行數目去到約200萬，反映了香港人身分認同和對香港命運關注的提升，他相信這個趨勢會持續。

個人方面，亞成說運動前期他想過移民離開香港的麻煩，但是到了後期，他感覺自己與香港有強烈的聯繫，改變了主意，決定不移民，要在香港完成學業之後成為律師，以專業和行動參與建設香港的法治。

對香港未來的期望

對於三十年後的香港，亞成說他願望到時「一國兩制，港人治港，高度自治」繼續運行，最好是2000年代左右的模樣，根據他的觀察和理解，那個時候「一國兩制」運作得甚好，香港人十分自由，他希望三十年後香港人能夠享有同樣甚或更多的自由，而且希望香港的法治得以保持，不被侵蝕。

對受訪者的觀察

亞成出生於香港政權回歸之後，與殖民政府時代沒有任何連繫，有機會在新的氛圍下成長為愛國愛港的人，家庭背景屬於中產，理應崇尚社會安定，但是他較為積極地參與反修例運動，出現在「前線」後不遠的外圍表示支持，在大學裡主動推動文宣，幾個月之內由反修例演化為反「警暴」，運動初期他想過移民，後期則決定留港參與法治的建設，是一個值得深思的案例。

對中國態度的演化

根據阿成自己講述，小學時期他認識了「一國兩制，港人治港，高度自治」，2008年北京奧運時期他對中國有很正面的印象，進入中學後學習了中史，對中國有認識有感情，溫家寶擔任國家總理時期，他覺得中國很不錯。

2014年「佔中運動」時他中三，到過金鐘佔中現場，見到參與者之間的互相幫忙、物資分享等，感受到一種團結社群的氣氛，產生很正面的感覺，由於佔中的議題與政制有關，令他多了思考這方面，他多了知道中國共產黨的事，長輩的內地故事把比較抽象的歷史聯繫到自身，漸漸產生對中國的負面印象。

雖然這樣，2014年的時候對「一個兩制」他還保持了一定程度的樂觀，相信會得到落實，直到出現多次DQ議員之後，他的態度改變了很多，再不相信「一國兩制」會得到切實執行，認為關鍵在「大陸不履行」。

可以說，亞成態度的轉變是隨著成長期間，接觸多了資訊和連繫到家庭歷史背景而逐漸形成的，最近幾年中央與香港的互動也有相當影響。

對破壞行為態度的演化

亞成說很多行為如果發生在2014年雨傘活動時，他都不能接受，但是來到2019年反修例運動，他的態度出現變化，首先是他對「警暴」的反感，其次是八三一太子站事件和港鐵在人民日報譴責後各種妨礙示威人士出行的措施，甚至成為警察的「運兵車」，令他和很多示威者對港鐵非常反感，其後衍生的破

壞行為，亞成說「想不出理由叫人不破壞」。

訪問之日，他稱可以接受：設立路障，港鐵跳閘不付費，打爛地港鐵設施、地鐵站內放火，他明白後兩者會在市民心中製造負面印象，但是為了懲罰港鐵他形容為「無奈接受」。對於示威者毆打拍照者和不同意見者，以及與不同意見者群毆，他表示不支持，但是卻表示可以接受示威者襲擊警察，雖然他也同時接受受襲的警員拔槍自衛，這個態度反映了他高度憎惡警察而不忘基本道德規範。

對於破壞港鐵站升降機和電梯，他認為是「無謂」的行為，對於搞到鐵路癱瘓令市民覺得很煩，他認為是「無可厚非」，是「冇計」，不過他注意到這些情況令身邊「淺黃」親友轉向「藍色」，到了最近（10月初）港鐵站破壞程度越趨嚴重，他表示擔心造成民意逆轉。

最新出現（註：10月初）示威者破壞街舖，如美心系食肆和優品360，他表示不支持，因為他感到是「不光采的」，既不是「打敵人的痛處」，也很難說服其他人有理由破壞，令人訝異的是他依然聲稱「不割席」，雖然這個詞的具體意義他沒有說明，又或者沒有認真思考過。

綜觀過程，亞成由過往直觀反對所有暴力轉變到現在接受部分暴力，似乎與他感應到面對「警暴」的無力感有關，在「不割席」這個概念之下，借「前線」的勇武幫助他宣洩心中的憤怒，不過由於他本身一向很重視法律，心中始終有法律和道德底線不能踰越，因此近期的勇武傷人和破壞街舖他難以接受，也擔心會影響反修例運動的民眾支持度。

對香港感情的演化

亞成在運動初期想過移民，離開這處麻煩地，但是到了後期他決定留下，為建設香港作出貢獻，反映參與運動加強了他對香港的感情。2014年「佔中運動」他在金鐘第一次體驗到互相關心支持的群體感覺，在多次「反修例」遊行中再次感受到因共同關注的香港議題團結起來的溫暖感覺，這種感覺在香港人日常的匆忙生活中一向缺席，兩次運動卻讓亞成體驗了，感覺很舒服，去到

一個程度推動他捐款和買物資給同路人享用，顯然幾年來尤其是最近幾個月的經歷，已經令他視自己爲集體一部分，不自覺地形成強烈的「香港人」身分認同，足以令他自覺要爲香港做點事，甚至丟掉離港的念頭。概而言之，兩場運動令亞成建立了與「香港」穩固的感性聯繫。

訪問員的觀察

運動的演化

反修例運動最初由「移犯修訂條例」觸發，早期只有商界反對，民間不甚理會，但商人公開表達了對中國內地法治的不信任（甚或恐懼）後，掀動長期隱伏在民間的不信任內地情緒，也令普通市民覺得應該行動起來反修例，因此「反修例運動」一開始就有「恐中」元素。

政府遷就商界的修改，加強市民對政府長期重商輕民做法的不滿，6月9日百萬人大遊行後特首立即宣布按原定計劃二讀，激化民間對政府長期不聽民意行事的反感，運動主題在「反修例」之上增添「反政府」元素，此後拖延越久，其化學元素滲入運動。

6月12日警察與示威者發生武力衝突，「警暴」成爲眾多示威者不滿的新焦點，滋生出「五大訴求」，再經過重複多次的周末衝突，「警暴」基本上取代了「反修例」成爲運動主題，政府對個別警察涉嫌使用過度武力的指責堅持拒絕譴責或處理，也使「反政府」元素不斷增強，7月1日襲擊立法會的影像紀錄顯示「恐中」演化爲「反中」，「五大訴求」中原本的「特首下台」變了與運動無關的「雙普選」，7月中下旬「光復香港，時代革命」口號出現漸多，「反中」衍生出「港獨」氣氛。

7月21日元朗「無差別襲擊」是重大轉捩點，暴民的恐怖暴力和警察的無作爲令全港震驚，粉碎香港人對香港治安良好的長久信念，政府管治能力被質疑，使「警暴」口號演化成「黑警」，由於新界黑社會一向與土地有緊密聯

繫，而地產商又長期在新界囤地，引發出「官商鄉黑警」的說法，民眾對政府產生史無前例的不信任，運動主題迅速被所謂「反黑警」取代，「反政府」程度升級，由於「反政府」包含「受北京控制」的指控，「反中」程度同時上升。

8月31日太子站警察清場行動的情景不幸地與七二一事件相似，同樣全港震驚，一般民眾從沒想過警察的行為會與元朗暴民相近，加上誰都乘搭港鐵，感同身受，事件造成廣泛和極強的不安，事後政府沒有採取任何措施安撫市民，使不少人加入譴責警察行列，示威者則反感更甚，對政府徹底失望，「光復香港，時代革命」口號越叫越響，甚至出現過「改組政府」口號。

一輪膠著之後，港鐵改變處理示威場合的應對策略，不時封站停駛，由於示威者認為與中國傳媒批評有關，創出「黨鐵」口號及對車站進行廣泛破壞，又衍生對中資企業及相關商店的放任破壞，進入10月運動演化成以不信任香港政府為基調、以「仇警」、「仇港鐵」和「仇中」為多元並行主題的全港暴力現象，「反修例」成為歷史陳跡，無人理會，連「光復香港、時代革命」都漸漸少人提及。

反修例運動幾個月間的演化概括如下：

政府提出修訂《逃犯條例》

商界反對→恐中

向商界讓步→恐中＋反修例

拒絕「撤回」→恐中＋反修例＋反政府

六一二示威衝突→恐中＋反修例＋反政府＋反警暴

七一襲擊立法會→反修例＋反中＋反政府＋反警暴

七二一元朗事件→反修例＋「光復香港」＋反中＋反政府＋反黑警

八三一太子站事件→反修例＋「光復香港」＋反中＋反政府＋反黑警

港鐵改變運作→「光復香港」＋仇中＋反政府＋仇警＋仇港鐵

現在（11月）反修例運動已經由和理非反對修訂《逃犯條例》，演化成以仇恨為主導的全港暴力現象，沒有了焦點，也看不見有方向引領香港走向包含自由、民主、法治、安居樂業等的美好未來。

對政府的觀察

政府聲稱爲了促成殺人疑犯陳某移交臺灣，提出修訂《逃犯條例》表面動機良好，但是提出的法案覆蓋範圍遠超單一個案，是用牛刀殺雞，商界反對後作出修訂，反映進退失據，意外觸動全港大部分人的神經，引申出社會軒然大波，以至中港台關係的爭端。起始的法律意見未能合符分寸地處理陳某個案，也未能預見涉及中港台三方之間高度敏感的法理關係和錯綜複雜的政治牽連，從這個角度看，律政司有不可逃避的責任。

特首處理修訂《逃犯條例》初時，未能感應修訂條例內容覆蓋疑犯移交內地的高度敏感性，低估（或不在意）不信任內地法治的基本民情，純粹從立法會「夠票」角度看待立法的正當性，百萬人遊行當日宣布如期進行二讀在民眾眼中成爲「挑釁」，爲反修例運動火上加油，某個意義上逼使「和理非」群體支持其他人以激烈行動阻止立法，種下「勇武抗爭」及「不割席」的種子，其後執著不講「撤回」令抗爭和武力衝突曠日持久。6月12日衝突後，本來警察執行驅散人群職務時偶有可爭議行爲的投訴並不出奇，只要特首宣布即時嚴肅跟進，符合香港人對法治的期望，事件有望平息，但是特首拒絕這樣做（如成立調查委員會），造成縱容觀感，此後可爭議行爲在媒體和民眾心中積累，民間怨氣和衝突雙方武力進入惡性循環，執著不成立調查委員會，輾轉導致如今不可收拾的局面。香港人從來沒有以世界視野和政治哲學來處理香港事務的鍛鍊和經驗，現任特首是其中一分子，因此未能從政治高度來看反修例事件和及時恰當應對，實在難以深責，不過將來無論誰當特首，都必須做好功課，從大局看香港，以及守住「以民爲本」大原則。

遠因、中因、近因

一個訪問不可能提供所有問題的答案，我們只能嘗試從側面點出一些觀察。

亞成參與運動的起點，是覺得修例後香港人會被轉移到內地接受審訊，而內地法律似乎不能提供香港水平的法律保護，反映了一般香港人對內地法治的

不信任，轉個角度講，香港人心中的西方法律觀念與中國內地法治實況不相容，是運動持續多個月的能量的根本來源，算是一個遠因。

亞成的家族歷史讓他知道中國近代史的爭鬥和陰暗面，也是驅動他參與的動力，香港家庭類似的情況不少，可以說過去幾十年入境移民的人生經歷，在社會中隱藏了對中國政府不信任的情緒，也可是運動遠因之一。

亞成說青年欠缺社會流動性和樓價飆升是「根本原因」一部分，雖然沒有詳談，但是可以反映年輕一輩對於社會現時運作的經濟模式感到失望，演繹成對現政府的不滿，不少市民包括中年人及中產階級時常講「官商勾結」，是這種不滿的言語表達，碰上反修例運動，成為不滿宣洩途徑，給運動增加能量，今次運動不少中產市民及他們的子女都參與了，反映財富過度集中形成的社會高度不穩定，接近爆炸的臨界點，可以說是運動的中因。

至於近因，修訂《逃犯條例》的條文欠缺深思和觸碰了商界及大眾的緊張神經，是事件導火線無疑，面對百萬人遊行而宣布二讀惹來極大反彈，引爆積累的民怨是此後一連串衝突的起因，堅持不講「撤回」和堅持不成立「調查委員會」令運動和武力衝突無法停止，蹉跎數月的後果是誘發「警暴」、「黑警」、「光復香港」等話題，骨牌效應現在（11月）去到「仇警」、「仇港鐵」、「仇中」階段，兩個「堅持」做成的蹉跎歲月是運動持續的近因，殆無異議。

向前走

正如亞成說，等到特首終於說「撤回」時，一切已經太遲，反修例運動的焦點早已轉移到「反中」和「反黑警」，歷史快速重演，現在（11月）運動已經再演化到由仇恨佔了主導位置，調查委員會再不是焦點，宣布成立也不能煞停遍布香港的破壞行為。

民意調查顯示民眾對政府的信任跌到極低，喊停消耗香港的破壞難以找到到起點，來到這個地步，香港可以怎樣向前走，超出任何個人的想像，惟有靠建立平台，讓愛護香港的人們和政府人員匯聚交流，合力拼湊對香港美好未來

的想像，以及籌劃實現的路線圖，在這個基礎上，社會才能確信將來將會不一樣，每個人努力工作會得到回報和安居樂業，而自由、民主、法治將繼續在我們的生活中彰顯。

今次運動過程中經常聽到「未來沒有希望」的說法，就讓我們用心處理好這個難堪的處境，合力為人民創造對美好未來的想像，就算我們沒有立刻消除仇恨的特效藥，相信提出大方向之後，人民會自行為社會療傷，讓社會恢復過來，始終最大的智慧在民間。

但願如此。

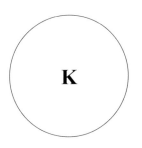

永續真正的一國兩制

K

今次的訪問在2019年10月14日的晚上進行；地點是一個餐廳，訪問在晚餐後進行；是次訪問的參與者包括訪問本人，和一位受訪者（在報告中會以K代表其本人）。K約二十多歲，大專學生，與父母共同生活於租住的公屋，家庭收入並不算高。

訪問進行了超過一小時。

受訪者對運動的觀點

K表示他自運動開始，即持贊成和支持的立場，自6月9日，第一次百萬人大遊行開始，就參與今次的運動。在運動中他也曾參與以下的活動：網上捐款、物資運送／傳遞、貼連儂牆、分享網上示威資訊、網上支持示威者、簽署網上聯署、罷工／罷課／罷課、遊行／集會／人鏈。

K表示，他參與其中是因為清楚看到《逃犯條例》修訂的內容是不合理，相對要真正處理有關的引渡問題，是次修訂的內容，並不切合問題的根本需

要。K認為，修訂的內容，對留港的民運人士非常不利，同時亦在客觀上壓制了香港應有的自由。修訂當中最令人難以接受之處，在於引用的規則缺乏客觀可驗證的標準，只要大陸有關單位能提供完整的表面證供，則法庭的把關即告完成，而令人遺憾之處，卻是市民無法信任大陸的執法和司法質素、操守，乃至特區政府在大陸方面的引渡要求下，是否有意願和能力，保障被捕人士在大陸境內時的人權和法律權利。

而他認為，運動的主因，一定不是因陳同佳案而起，政府要求修訂，背後是有政治動機。K以銅鑼灣書店案為例，認為大陸政府在修訂通過後，便能名正言順地，循司法渠道要求引渡有關人士，這樣便可避免要秘密地來港綁架該等人士，繼而失手讓大陸政府尷尬。

K表示他曾思考和分析過，到底這場運動反映了什麼香港社會問題。他認為特區政府沒有真正的自治權，背後真正控制政府的人是誰，仍未可定。而在數月以來的事件中，反映出香港交通系統的規劃問題，過分依賴鐵路。警察濫用權力，大量拘捕沒有可疑的市民，亦對市民行私刑，事後沒有被法律追究問責。而政府對特發事情的處理能力亦低於合理水平，或是沒有盡力。身為特區行政長官的林鄭月娥，其處事手法和態度，亦是令人覺得她不願接受其他人的意見，我行我素，剛愎自用。同時K認為林鄭沒有制約警隊，甚至故意縱容，實屬失職。

K講述他在七一當日參加了轉運物資的工作，在過程中，他深深感受到香港人是很團結，很主動，每個人的自發性相當高，而且有思考能力，很快便發展出默契，所以根本不用「大台」，亦有效率地完成分工和各種工作。同時，這些同伴都是在沒有得到報酬的情況下自發出來，反映出這些人都很願意為香港付出。不過，這些經歷和感受並沒有對他造成很大的影響，因為有關想法早在運動未開始時已存在於他腦中。

對運動的未來走向，K覺得很難說這場運動能持續多久，但要結束這場運動恐怕不是短期內的事。他認為，令運動膠著而不能結束的主要原因，包括了政府的立場過於強硬，而且基本全盤否定民意的要求，結果引導民間基本上

一面倒地（註：約八成多市民）反對政府。K亦認爲，國際社會對香港市民的支援不夠及時，單靠香港市民的力量，是不足的，如果國際社會能在運動初期就介入事件，相信政府會早一點作出讓步，而令運動結束。而他期望這場運動後，能達到五大訴求，即政府撤回《逃犯條例》修訂，撤銷對示威者的檢控，撤回對今次抗爭的暴動定性，設立獨立調查委員會調查有關今次修例及其後抗爭的一切問題，實行雙普選。長遠來說，要達到重組政府，永續一國兩制，同時亦要讓香港人更團結，減少內鬨。

現時K和大部分他知道的人心中，最渴望清算警察，解散現有的警隊，設立獨立調查委員會。同時希望行政長官林鄭月娥在解決眼前具急切性的問題後下台問責。同時爲長治久安之計，香港要盡力加強自給自足的能力。K表示，明白基於天然環境因素，香港現時沒有能力完全自給自己，但總可以減少對外，尤其是大陸的依賴度，例如食水的自給率，應該和需要提升。

這邊提出一條問題：假設這場運動能談判，但雙方或許在某程度上要作一定的退讓，你認爲怎樣的條件你或香港人能接受？K在聽到問題後，初時表現得有點爲難，後來他說，他說的所謂接受，只是在萬不得已下才會放棄其他條件，但其中兩個條件政府是必須答應的，那就是設立獨立調查委員會，和撤回《逃犯條例》修訂。

對於目前社會的分裂，K認爲，要做到修補撕裂，重建信任，政府必須眞誠地向全香港市民道歉，撤銷對今次運動的暴動定性。自此往後，也應停止因行政原因以外的理由去剝奪市民參加各級議會的機會，讓社會的意見，如實地在各級議會和行政會議裡反映出來，政府必須認眞參考民意來施政，官員亦應主動多到不同社區中，主動接觸不同階層的市民，主動解決社會問題。

K覺得，整體來說，很多人，包括他自己，對時事的關注程度都大了很多，而香港人之間（註：指政見上相近的「同路人」），亦比以前更團結。香港人整體的適應能力和強韌度也高了很多。而無論政見，對政府都是更加不信任。縱使政府管治不濟，但香港人的質素畢竟是高，尤其是參與運動的示威者，能在各種壓力下，緊守自己在不同團體裡的各個崗位。而在這幾個

月來，政府和市民的交鋒，令市民對傳媒和記者的重視提高了，對言論自由、傳播自由更加珍惜。同時，亦令一般市民，無論是不是參加示威，都更仇視警察。

K認為，今次的事件的性質，是一場運動。這場運動的目的，是為了捍衛一國兩制，和捍衛中英聯合聲明和《基本法》應許香港人的各種權利，尤其是自由。K覺得今次運動顯然不是暴動，他以六七暴動作為參照，當年的反政府人士，肆意使用暴力，攻擊目標不清，有時幾近無差別地攻擊，很多無辜市民傷亡，而且六七暴動主要由當年的境外勢力，即當年的大陸政府策動；反觀在今次運動中，示威人士對使用武力非常克制，在攻擊目標上，有明顯針對性，武力主要是針對大陸資金經營的各商店鋪，或者政見不同而主動發起攻擊者，因此K認為，把今次運動定性為暴動，是說不通的。K亦認為，今次的運動談不上是革命，因為示威者並不是要求很根本上改變制度，反之，示威者的目標，只是要求政府嚴格根據《中英聯合聲明》和《基本法》，落實一國兩制。K認為，真正的革命，應該有如1911年的辛亥革命，是將現在制度連根拔起，並重新設立另一個新的制度。

受訪者對未來的展望

K表示在他眼中的香港核心價值，包括了自由、法治、勤奮、堅毅、不懼強權等。要保留，乃至維持甚至發展這些核心價值，香港必須落實高度自治，即除國防和外交事務外，其餘事務由香港自行處理，中央不應亦不能干預。同時香港亦應自覺自己的角色是中國和國際之間的重要橋樑，因為除了維持既有的大陸的關係外，更多的是應該面向世界，和國際更緊密地接軌。他相信將來一段時期的社會運動，將會是沒有「大台」，而且參與者的來源會多元化，而在香港的社會文化下，社會運動的方式，會有克制、和平和忍耐等特質。

問及他對香港的未來想像，K沉思了一段時間，表示他的想像，將來香港會永續真正的一國兩制，公民社會將會相當成熟，真正的普選已在實行中。香港將繼續保持高層次的法治，能容納多元的聲意和意見。而在國際方面，香港的重要性將會進一步提高，而香港社會的國際性和多元性都能維持。K期望，到時所有在今次運動中發現的問題都已滿意地解決，社會的撕裂亦得到修補。香港人在香港的地位能得到重視，而香港的政府乃至香港人，將不必受中國過多的左右，香港人能享受高度自治的權利。而政府在那時，亦已具備足夠的能力和意願，因為基本照顧香港人在衣、食、住、行等生活上的基本需要。

對整個社會及現在事件的理解

　　K相對於同年紀的年輕人來說，是比較成熟，他亦表示，比較談得來的朋友，多數是較他年長的。如果參考他的個人資料，我們不難發現，K的成長環境，令他在沒有選擇的情況下，要早一點面對社會的各方面的挑戰。而他的學習經歷，包括由中學三年級後，轉至青年學院，繼而完成高級文憑，和進入大學，亦令他和香港主流學生，有相當不同的出發點來認知這個社會，乃至這世界。

　　就整個社會而言，K了解社會的各個環節是會互相影響，而非一定會循縱向線性地發展。他雖沒有正式學習博奕理論，但在他的思考中，卻能反映他以博弈概念考慮各持份者對事件發展的影響。

　　K是回歸後出生的一代，但在特區政府治下，他是生活比較困難的一群，在主流學校下，他未能有效地發揮他的潛能，從他的角度看，社會是充滿不公義，缺乏對多元的包容，而即使願意妥協和自己用功勤力的情況下，自己仍會在現有的社會制度下處於下風，難有上進發展的機會。這種對社會的認知，並非單從今次的運動開始。事實上，在2014年雨傘運動時，當時他正由一般文法

中學轉至職訓局轄下的青年學院就讀。隨著雨傘運動於當年的11月底結束，他一方面看到大規模社會的形式，同時亦令人了解到，政治離他並不遙遠，從此開始對時事和各種社會事務增加了關注。與此同時，他在青年學院接受教育，那裡的學習方式和一般文法學校截然不同，令他親身體會到，做人做事，並非只有一種方法，反而是條條大路通羅馬，要解決問題，必須要有彈性，這也令他形成對多元性的重視。

　　到今次因《逃犯條例》的修訂而引發的社會運動，K作為其中一位參與者，他便以過去一直以為的經歷，加上雨傘運動後的所見所聞，包括中央如何用各種方段干預香港的內部事務，乃至如何將異排除在議會外等，令他將自己定位為一位持份者，並積極參與其中。他是典型的和理非的支持者，但接受別人講粗口，因他自己也會講粗口。但他不會參加任何武力行動，而在今次運動之前，他更曾表示，不接受武力行為。但在這數月的運動中，他慢慢接受了武力的使用，雖然他仍然不會參與武力行動，但當他回想由2019年初政府推出條例修訂至今，官方的態度一直是借題發揮，對市民、本地商界、外國機構，乃至外交使節提出的種種問題，一概採取自說自話，一往無前的方式推進修訂；而修訂在議會裡，進入法案委員會的階段，建制派議員對政府的要求所出各種配合，嘗試盡量利用法律上的灰色地帶來繞過各種監察和制衡。最終引發6月9日的百萬人遊行。而K作為其中一位遊行人士，他在當日九時半左右，知道政府表示將照舊在該星期內進行二讀表決，繼而感到非常憤怒，覺得政府視市民如無物，因而參加了6月12日的圍立法會行動。

　　K後來向本人表示，他深信特區政府並非問題的根源，特區政府的決策，是被大陸控制，這才是令香港本身不能按自身的需要處理各種社會問題；在議會裡，佔多數選民支持的黨派，得到的議席反而較少，議會已失去反映民意的能力，加上政府在百萬人大遊行後，即晚的回應，反映了和平表達意見並不能有效影響政府的決策，因此他能理解，有部分示威者使用武力作為手段。

　　K解釋他的分析，認為香港的亂局，是中央權力鬥爭的結果，有些人對習近平主席的領導不以為然，習主席的集權，加上他推行的左傾政策，損害了很

多不同階段的利益，加上同時中美貿易爭端，令某些有心人藉香港的局勢，和國家的外部問題，對習近平施以壓力，同時亦不讓問題得到解決，最終令習近平被迫放權或下台，這令香港的政治環境變得複雜，而香港只是當中的一顆棋子，香港市民因此深受其害。

從學者專業角度如何理解現在社會及社會事件

本人曾受正規師訓，具學位教師資格，現正任教資料科技學位課程，主要研究有關電腦網絡和資訊保安的科題，對中國歷史研究多年，加上在本科和大學研究院所受過的學術訓練，本人將嘗試從經濟學、教育學、資訊科技、中國歷史等角度，分析問題。

經濟學角度的分析

經濟和政治，有一種互為因果的關係，在微觀經濟學的角度，影響人類行為模式的主要因素是交易成本，交易成本的變化會改變現有的生產的方式，繼而改變社會的權力分佈，最終影響政治制度。在經濟活動中，從整個社會的層面來說，最需要避免的是「租值消散」，「租值消散」的發生，根據著名經濟學家高斯的理論，成因是產權界定的不清淅。「租值消散」的發生，不一定只發生在經濟行為當中，其他所有人類的行為，都會受「租值消散」的影響。就香港的社會環境而言，對比政權移交前的港英管治，和之後的特區政府的管治，雖然中英兩國皆宣稱政權的移交只是換了國旗、換了首長，其餘不變，但事實上，改變遠不止於此。港英統治香港的法理根據，是「英皇制誥」和「皇室訓令」，港督作為英皇的代表在香港擁有法理上的絕對權力，兼具行政立法司法的最終權力，同時亦是駐港英軍最高統帥，無論是行政局還是立法局，都只具諮詢角色，司法雖然相對獨立，但仍是受港督管轄。在這情況下，雖然港督仍受英國政府的殖民地事務部管理，但在香港的本地事務上，實際上擁有很

大的自主權，加上英國的西敏寺制度下，國會至上，權力分立，英國政府對香港的管治，受民主制度和司法獨立的制衡，因此部門之間的權責是清晰的，越權者將被法律問責。在這背景下，港英政府的香港本地的施政，不確定性較低，英國當局對香港的干預也較少，若英國強行迫令香港推行某些不受歡迎的政策，港督亦有不惜以辭職作為要脅，迫英國方面收回成命。

相比政權移交後的特區政府，其憲制上的權力來源是根據中國全國人大，為履行《中英聯合聲明》而在中國憲法內加入《基本法》的內容。《基本法》規訂，《基本法》訂明，除國防和外交事務，香港內部事務由特區政府自行處理，中央各部門及其他省份，不得干預特區政府根據此法而處理的事宜。根據《基本法》，香港實行權力分立，行政長官只握有行政權，立法會最終應由普選產生，司法則獨立於另外兩權並擁有終審權。在字面上，這一切遠比「英皇制誥」和「皇室訓令」進步，但問題在於，在大陸的政治制度中，是以共產黨領導為重點，國會即全國人大在名義上雖為最高權力，但實質上仍由共產黨控制，更有甚者，大陸政制實行三權合作，司法機關沒有專業化，由共產黨的政法委領導。當憲法出現不清淅的地方時，問題並不由司法機關處理，這和在實行成文法國家，由憲法法庭處理不同；問題是交由全國人大的常務委員會處理，而常委會的成員，多不是法律專業人員。

在這種結構下，制度的爭端，沒有明確的條文或規訂可以遵從，相反，是由共產黨的授權人士，以一錘定音的方式，以批示、講話等方式做決定，以人大常委會釋法的方式來落實；而香港的特首，在對中央和香港雙重負責的制度下，實際上沒有有效的法律手段來抗拒，而若採取以辭職作為手段的話，則要面對卸任後的政治追究，曾蔭權的情況就是例子。

以上的的種種事實，反映出港英時期的政制，權力的界定是清晰的，政策的可預期性較高，這樣政策推行的交易成本將會較低。反之，特區時期的政制，權力的界定甚為不穩定，要否有權，視乎權鬥和主事者的取態，政策的可預期性較低，推行政策的交易成本亦較高，高交易成本的代價，即反映在社會的內耗和議會的失效上。

教育和歷史角度的分析

　　香港是一個歷史複雜、文化交匯的社會，面對大時代的轉變，香港人的成份和心態都有顯著的分別。在總體上，香港人主要是華人，承傳中華文化，這一點在大陸的文化大革命後尤爲明顯，與此同時，香港亦是在華人社會中和國際接軌最深的地方，香港的華人，亦是在華人社會中西化程度最深的地區之一。在這個背景下，意味著香港人不會全盤接受大陸的文化，並且非常在意自身的獨特性。

　　呂大樂教授的名著《四代香港人》，很精采地分析不同時期的香港人的特質，非常具參考價值。在呂教授的著作裡，第二代香港人，大約即爲社會學家指的「X世代」，基本上就是現在在社會裡作爲領導者的一代，他們的特質，最具代表性的，是所謂的「四仔主義」，即屋仔、女婆仔、BB仔及車仔；這是有關個人特質生活質素的提升，放在那代人的成長環境來看，當年的特質匱乏，生活艱苦，最終能享受較佳的物質生活是一種成就，這當年普遍共識，加之精英教育的政策，從主流爬上去似是唯一的途徑，從這個角度看，大家不難理解，立法會（保險業界）的議員陳健波所指的「收成期」對他們來說具有什麼意義了。然而，對第三代、第四代香港人，即社會學家指的「Y」、「Z」世代，加上千禧世代等較年輕，在社會上被領導的一群來說，他們的成長環境，物資相對豐富，加上進入過渡期，港英在教育裡開始走普及路線，能接受高等教育的人大幅上升，令年輕一代有更多機會吸接不同的知識，接受深入的思考訓練，增高了自我解決困難的能力，客觀的結果，是容易建立有合理的理據支持的想法，並堅持之。另外，在基本生活無憂的情況下，他們比前人更關心、社會關係、個人自尊和崇高理想的實現。這些大概印證了馬斯洛的「需求金字塔」的預期，衣食足，然後足榮辱。因此，他們對社會的平等，公義的彰顯，正義的及時，會比前人更加敏感。

　　這亦能解釋，爲何在當下的領導者眼中，年輕人總是諸多不滿，又喜歡搞事，阻礙他們享受自己的「收成期」。而年輕人則對物資生活有較少的追求，

反而更重視被尊重，被視爲持份者，和對價值理想較有堅持。

資訊科技角度的分析

　　資訊科技的發展，從某種意義上，可以視爲一次新的「工業革命」，互聯網的出現和應用，令訊息傳遞的效率以幾何級數上升；而第三代流動統網配合智能手機，則令訊息的獲取、應用和整合出現了質量上的改變。這些改變，令統治者控制人民的難度大大地提高，這個危機，對獨裁者來說是致命的，一旦在資訊戰中落敗，獨裁將面臨滅頂之災，爲此，他們作出了不同的反制，包括分隔和控制國內的互聯網，以防火牆技術來過濾對政權有害的資訊，收集人民的私隱以作騷擾、要脅之用等。這個攻守遊戲，仍是沒完沒了。

　　近期令社會運動最有影響的概念，包括了：大數據配合機器學習來挖掘資訊，區塊鏈概念的應用，應用人工智能作假新聞等。其中令社運發生根本性變化的，是區塊鏈的概念。區塊鏈技術中，最著名的應用就是「Bitcon」，但區塊鏈的應用，遠不止於「Bitcon」，區塊鏈的最核心概念，就是去中央化，整體的存在，是由每一個區塊來定義。區塊和區塊之間，是平等的，區塊間的合作，是以「任務」作爲單位，因爲，同一區塊，可以在不同的任務中存在，可因應需要，和不同的其他區塊，合作完成各種各樣的工作。合作的過程中，完整性會得到確保，因爲有其他區塊一起做檢證。這些特性，放到今次的運動中，便成了沒大台，但卻有自我組織能力的群體，這是一個沒法消滅的組織。

　　從政權的角度，要抗爭者解體，最好就是破壞抗爭者之間的互信，這種情況下，假新聞便成爲一種有力工具，在人工智能的幫助下，假新聞的像眞度高得驚人。要對付這些假新聞，抗爭者必須應用大數據，配合自己的資訊素養來分辨資訊的眞僞。

結語

　　江山之固，在德不在險，天下乃天下人之天下，唯德者居之。德者，得也；要有所得，便要順應時勢而不應有為；民之難治，以其上之有為，是以難治。希望社會的領導者能有此胸襟。

　　另一方面，人亦要有憂患意識，生於憂患，死於安樂，香港由上世紀八十年代到二零一零年這三十年間，繁榮穩定，人民基本上是安居樂業的，但正是過於安穩，不少人產生了穩定壓倒一切的想法；事實上，真正的安穩，是要靠大家一起努力維持社會整體的平衡而來，持久警惕是自由的代價，希望民眾長記性，對社會要多主動關心，方能長治久安。

本書（第一冊）訪問學者如下，特此感謝：

（*依姓名首字筆劃為序）

Dr. Au Yeung Kai Yin Gigi

Dr. Beatrice Lok

Dr. Bobo Lau

Dr. Bonaventure Ho

Dr. Gary Lam

Lecturer Kathy Lee

Prof. Lee Kam Pui Eric

Dr. Leung Lai Kuen

Dr. Lily Chan

Dr. Mok Ka Pun Chris

Dr. Poon Lok Ming Louis

Dr. Teresa To

李少南　教授

李孝聰　博士

李楚翹　博士

侍建宇　講師

林超英　先生

陳力深　教授

陳志宏　博士

陳智達　博士

黃以恆　博士

鄧景輝　先生

國家圖書館出版品預行編目

Stakeholders in 2047：香港未來說明書 /
「Stakeholders in 2047: 香港未來說明書」團隊
編著. -- 一版. -- 臺北市：新銳文創, 2019.12
　　面；　公分
　　ISBN 978-957-8924-82-6(第1冊：平裝)

　　1. 社會運動　2. 政治運動　3. 香港特別行政區

541.45　　　　　　　　　　　　　108021920

PF0262

新銳文創
INDEPENDENT & UNIQUE

Stakeholders in 2047：
香港未來說明書（第1冊）

編　　者	「Stakeholders in 2047：香港未來說明書」團隊
出版策劃	新銳文創
印　　刷	秀威資訊科技股份有限公司
	114 台北市內湖區瑞光路76巷65號1樓
	電話：+886-2-2796-3638　傳真：+886-2-2796-1377
	服務信箱：service@showwe.com.tw
	http://www.showwe.com.tw
發　　行	圖書部
	電話：+886-2-2518-0207
	信箱：bod_division@showwe.com.tw
	傳真：+886-2-2518-0778
	https://store.showwe.tw
出版日期	2019年12月　BOD一版
定　　價	350元

版權所有‧翻印必究（本書如有缺頁、破損或裝訂錯誤，請寄回更換）
Copyright © 2019 by Showwe Information Co., Ltd.
All Rights Reserved

Printed in Taiwan

讀者回函卡

感謝您購買本書，為提升服務品質，請填妥以下資料，將讀者回函卡直接寄回或傳真本公司，收到您的寶貴意見後，我們會收藏記錄及檢討，謝謝！如您需要了解本公司最新出版書目、購書優惠或企劃活動，歡迎您上網查詢或下載相關資料：http:// www.showwe.com.tw

您購買的書名：_____

出生日期：_____年_____月_____日

學歷：□高中 (含) 以下　　□大專　　□研究所 (含) 以上

職業：□製造業　□金融業　□資訊業　□軍警　□傳播業　□自由業
　　　□服務業　□公務員　□教職　　□學生　□家管　□其它_____

購書地點：□網路書店　□實體書店　□書展　□郵購　□贈閱　□其他

您從何得知本書的消息？

　□網路書店　□實體書店　□網路搜尋　□電子報　□書訊　□雜誌

　□傳播媒體　□親友推薦　□網站推薦　□部落格　□其他_____

您對本書的評價：(請填代號　1.非常滿意　2.滿意　3.尚可　4.再改進)

　封面設計____　版面編排____　內容____　文／譯筆____　價格____

讀完書後您覺得：

　□很有收穫　□有收穫　□收穫不多　□沒收穫

對我們的建議：_____

_____

_____

_____

請貼
郵票

11466
台北市內湖區瑞光路 76 巷 65 號 1 樓
秀威資訊科技股份有限公司　　　收
BOD 數位出版事業部

....

（請沿線對折寄回，謝謝！）

姓　　名：＿＿＿＿＿＿＿＿　年齡：＿＿＿＿　性別：□女　□男

郵遞區號：□□□□□

地　　址：＿＿＿＿＿＿＿＿＿＿＿＿＿＿＿＿＿＿＿＿＿＿

聯絡電話：(日) ＿＿＿＿＿＿＿＿＿＿＿ (夜) ＿＿＿＿＿＿＿＿＿＿

E-mail：＿＿＿＿＿＿＿＿＿＿＿＿＿＿＿＿＿＿＿＿＿＿＿